说话的艺术

高恩强　著

中国言实出版社

图书在版编目（CIP）数据

说话的艺术 / 高恩强著 . –– 北京：中国言实出版社，2019.11
ISBN 978-7-5171-3259-2

Ⅰ . ①说… Ⅱ . ①高… Ⅲ . ①语言艺术—通俗读物
Ⅳ . ① H019-49

中国版本图书馆 CIP 数据核字（2019）第 245873 号

出 版 人：王昕朋
总 监 制：朱艳华
责任编辑：丰雪飞
出版统筹：胡　明
责任印制：佟贵兆
封面设计：淡晓库

出版发行　中国言实出版社
　　地　　址：北京市朝阳区北苑路 180 号加利大厦 5 号楼 105 室
　　邮　　编：100101
　　编辑部：北京市海淀区北太平庄路甲 1 号
　　邮　　编：100088
　　电　　话：64924853（总编室）　64924716（发行部）
　　网　　址：www.zgyscbs.cn
　　E-mail：zgyscbs@263.net
经　　销　新华书店
印　　刷　北京中科印刷有限公司
版　　次　2020 年 1 月第 1 版　　2020 年 1 月第 1 次印刷
规　　格　710 毫米 ×1000 毫米　1/16　12.75 印张
字　　数　200 千字
定　　价　48.00 元　　ISBN 978-7-5171-3259-2

有格局的人，都是从好好说话开始的

有格局的人，都是从好好说话开始的。言语宽和的人，人生的天地也宽，反之，言语尖酸刻薄的人，哪怕自诩心怀天地，只怕也无法借助语言与他人构架心与心之间的桥梁。

细心的朋友们会发现，在生活和工作中，那些工作能力很强的人，往往人缘也很好。那些职场精英之所以能把事业做得风生水起，正是因为得到了好人缘的助力。现代社会各行各业的分工与合作都越来越密切，一个人即使能力再强，只靠着单打独斗，也根本不可能把每件事情做得圆满。大格局者懂得借力，知道必须融入团队之中，依靠团队的力量，才能让自己真正强大起来。

现实之中，每个人都想拥有精彩的人生，然而，成功受到很多因素的影响，仅从语言表达的角度而言，一个人的语言能力，很大程度上决定他将会拥有怎样的人生。大名鼎鼎的哲学家苏格拉底曾经说过，拥有讲话

1

的能力非常神奇，能够帮助人很快地成就伟业，并且获得世人的认可和赞赏。随着时代的发展，表达能力上升到更加重要的地位，作用也变得更加不可或缺。著名的成功学大师卡耐基也曾说过，一个人要想获得成功，百分之八十五取决于语言表达，百分之十五取决于技术知识。

既然语言表达能力如此重要，大格局者一定要重视语言能力的提升。大格局者如果能从容地驾驭语言，灵活生动地运用语言，就能够处理好与他人的关系，从而得到更多的帮助。当然，人是情感动物，每时每刻都在与情绪为伴，语言表达也会因为受到情绪的影响而有所改变。情绪愉悦时，人们的语言表达风格更友善；情绪失落或者愤怒时，人们的语言表达风格往往更犀利或者尖酸刻薄。要尽量摆脱情绪的负面影响，努力地把话说好。大格局者从不吝啬赞美，具有幽默的能力，还擅长设身处地为他人着想，好好说话对他们而言并不难，他们很乐意舌绽莲花，妙语如珠。

从好好说话开始，你的格局一定会越来越大，你的人生将会有非常神奇的改变！

目 录

第一章

要颜值更要"言值"：
格局越大越懂得说话

现代社会，人人都追求颜值，希望自己能够以良好的形象给他人留下深刻的印象。遗憾的是，大多数人拼尽全力为自己打造好形象，一味地讲究颜值，却忽略了"言值"。这都是格局太小惹的祸。真正的大格局者，深谙说话的重要性，他们更加重视对于"言值"的打造，也会设身处地为他人着想，言语温和地把话说到对方的心里去。

礼貌待人——让语言带着温度

继智商和情商之后，美国心理学家爱德华·桑代克又提出了"社交商"的概念，认为社交商和情商是密切相关的。爱德华·桑代克指出，所谓社交商，就是识别和管理他人的情绪，并且与他人和谐相处的能力。那么，具体而言，如何获得高社交商呢？

细心的朋友会发现，每一个社交高手都有自己的独门秘籍，那就是礼貌。礼貌的人很招人喜欢，也更受人欢迎。在社交群体中，礼貌的人更容易得到他人的帮助和支持，因而，不管做什么事情都会得到助力。懂礼貌的人非常谦虚，待人宽容和善，也很懂得人际相处之道。众所周知，沟通是人际交往的桥梁，因而要礼貌待人，请从礼貌表达开始。

在这个世界上，最复杂的关系就是人与人之间的关系。人心是非常复杂且多变的，作为独立的生命个体，要想彼此之间建立良好关系，做到和谐相处，无疑是需要用心的。明智者往往能够坚持礼貌的原则，在和人相处时始终都坚持礼貌用语，所谓良言一句三冬暖，恶语伤人六月寒，哪怕想要表达相同的意思，不同的表达方式也会起到不同的效果。而在选择适宜的表达方式时，最重要的就是要讲礼貌，只有以此作为前提和原则，才能让沟通顺利进行。

有一个贵族在森林里打猎，因为追逐猎物，他在森林里迷路了。眼看着太阳西下，天色越来越晚，贵族还没有找到走出森林的路，未免着急。他扬起鞭子策马疾驰，因为他知道一旦天黑，森林里就会有野兽出没，非常危险。

贵族好不容易才找到一条土路，他骑着马沿着土路朝前走。走着走着，迎面走来一个猎人，贵族骑在马背上冲着猎人喊道："喂，还有多久能走出森林？"猎人头也不抬地说："十里路！"贵族策马飞奔，扬起一路尘土。然而，他都跑出十多里路了，还是没有到达森林的边缘。猎人很生气："这个可恶的猎人居然敢骗我，看我怎么收拾他！"贵族马上调转马头，准备回去找猎人算账。他很快就看到猎人站在路上似乎在等人，这个时候天已经很黑了，贵族知道自己不可能很快走出森林，因而调整好情绪，远远地就下马，朝着猎人走去，很有礼貌地对猎人说："这位大哥很抱歉，我刚才问路没有礼貌。麻烦问你，我去哪里能借宿一晚呢？"看着贵族的样子，猎人说："我知道你一定会回头，如果你不嫌弃，就和我在打猎的小屋里凑合一晚上吧，明天早晨，你只要朝着这个方向走十里路，就能走出森林。"贵族马上对猎人表示感谢，猎人还烤了当天收获的野兔请贵族吃呢！

如果贵族一开始就很有礼貌地询问猎人，那么就不会白跑那么多冤枉路了。正是因为贵族没有礼貌，所以猎人才没有主动为贵族指出正确的方向，而只是含糊其辞地告诉贵族再走十里路，使贵族犯了南辕北辙的错误。在人际沟通的过程中，尤其是求助于人的时候，我们一定要有礼貌，才能得到他人的帮助。否则，没有人愿意帮助那些对自己居高临下、颐指气使的人。

有礼貌，能够促进沟通，也能帮助人们建立良好的关系。首先，有礼貌的人更受欢迎，能够以彬彬有礼的形象给他人留下好印象。其次，有礼貌的人更尊重他人，所以能够得到他人的尊重。人与人之间，尊重总是相互的，我们想要得到他人怎样的对待，就要首先以怎样的方式对待他人。最后，有礼貌的人更有魅力，能够收获好人缘，也能得到他人的帮助，因而办事效率会更高。

　　具体而言，要把握说话的语气，因为语气能够最直接地表现出一个人对待他人和事情的态度，也是一个人思想的外衣。当我们以礼貌的语气和他人沟通，则意味着我们与他人之间的交往向前迈进了一步。大格局者善于人际交往，不仅仅因为他们内心很宽容友善，也因为他们会给语言穿上礼貌的外衣，让语言有"言值"，也让语言带着温度，赢得他人的好感。

恰到好处称呼他人，是交往的重要一步

很多人自诩有大格局，总是把目光盯在利益上，却很少关注到人际相处的细节。即使在与合作伙伴相处的时候，他们也总是惦记着最终的合作结果，所说的每一句话都是为了促成合作达成，而不会为了不相关的事情费心揣摩，如与他人建立良好的关系。不得不说，这样的鼠目寸光，看起来精明冷静，实际上却因为不愿意深入经营人际关系，反而使最终的结果不尽如人意。

有大格局的人知道，不管想要达成怎样的合作，都一定要建立良好的人际关系。只有以良好人际关系为基础，接下来做工作才会更加顺利，也才能取得满意的效果。否则，如果一味地急功近利，则只会导致他人对我们产生警惕心理，也会使得后期的合作进展变得艰难。如何与他人处好关系，让彼此和谐融洽，也让合作的推进事半功倍呢？有大格局的人不会只盯着眼前的利益去做各种决定，而是会更加注重在前期维持好人际关系。要想与他人搞好关系，尤其是在刚刚结识陌生人的时候，重要的就是恰到好处称呼他人。

有人说，姓名只是一个代号，即便如此，也没有人愿意被他人以"喂"来称呼，而是希望被他人记住名字。尤其是对于刚刚认识的人来说，记住姓名显得更加重要。记住姓名，能够表现出我们对他人的尊重，能最大限度拉近我们与他人的距离。这对于人际相处是很有好处的，也是非常重要的。

除了要记住他人的姓名之外，我们还要学会称呼他人。在日常生活中，对于同事、同学、朋友、兄弟姐妹等，都可以以姓名直接称呼。而对于长辈、上司、客户等，我们则要以合适的称谓来称呼他们。一旦称呼不恰当，就会使对方产生不满，对我们的印象则会非常糟糕。

周末，张倩带着女儿去商场购物。一家专卖店正在进行打折促销活动，促销商品里有女儿最喜欢的机器人。张倩和女儿一起走到专卖店门口，这个时候，导购员对张倩说："阿姨，您好，欢迎选购！"听到导购员的话，张倩脸色陡变，马上牵着女儿转身离开。导购员不明所以，感到很沮丧，这个时候，站在一旁的主管问导购员："你多大了？"导购员回答："二十三岁啊。"主管说："你看，那位女士领着的女儿有多大？"导购员说："也就四五岁吧！"主管说："人家的女儿才四五岁，你就称呼人家为阿姨，不是说人家老嘛！"导购员有些委屈："但是，我妈妈也才四十几岁啊，和她差不多大。"主管无奈地说："如果她是你妈妈的同事，你当然要称呼阿姨。但她不是，她是客户。你愿意年轻，还是愿意老呢？"导购员恍然大悟。

因为对客户称呼不当，导购员失去了一个客户，失去了一个订单。每个人都希望自己能够青春永驻。在和他人相处的时候，我们要尽量把他人往年轻里称呼，这总是没错的。如果担心把别人称呼得年轻，不能表现出对他人的尊重，则可以称呼他人为"美女""帅哥"，这样通用的称呼，也是非常不错的选择，可以让人感到放松。不管如何称呼他人，都要考虑周全，不要给人留下轻浮的印象，导致人际关系恶化。

具体而言，在决定称呼他人的时候，我们需要考虑的因素有以下几点。首先，要考虑到对方的年龄。通常情况下，我们要想恰到好处称呼他人，就一定不能忽略对方的年龄。俗话说，逢人减岁，遇物添钱。在与人沟通的时候，如果对他人的情况不够了解，那么在说到他人的年纪时就要少说几岁，而在评价他人购买的东西时，则要尽量把价格说高一些。这样说话，也许不能说得很准确，但是却会说得他人心花怒放，使他人很开心与你沟通。这样微妙的处事方式，是每个人都需要用心去揣摩的。

其次，在与人沟通的时候，还要考虑到彼此之间关系的远近亲疏。人与人之间的关系是不同的，有些人走得很近，可以说些不分彼此的话，也可以开些过分的玩笑，而有些人看似亲近，实际上是有一定距离的，这种情况下说话就要多多斟酌，把握分寸，而不要总是口无遮拦，不假思索。有些话，关系亲密的人之间可以随便说，而有些话，如果人与人之间关系疏远，是一定不能说出口的，否则就会让关系变得更加糟糕。

再次，在职场上，说话要参考对方的职位。职场上最讲究的就是职位的高低，对于职位比自己高的人，要称呼对方的职位，表现对对方的尊重。因为职业的不同，有些行业的人对于称呼还有特殊的要求，例如在出版行业，虽然从业人员不是老师，但是他们彼此之间都习惯以老师称呼。在与这些人打交道的时候，多称呼老师总是没错的。职场新人如果不知道怎么称呼上司，可向同事了解，看他们怎么称呼，跟他们学。

最后，根据不同的时间和场合，要因地制宜说话。不同的国家和地区、不同的民族，表达的方式和风格都是不同的。有些话，在某些地方是方言俗语，在某些地方则是不能被接受的。有些话，在某些时间和场合里可以随便说，在某些时间和场合里则万万不能说。

　　有大格局的人不会把思维局限在具体的语言方面，而是会在说话前考虑得更全面，把眼光看得更长远，经过思考字斟句酌，把话说得恰到好处，也让语言表达恰如其分，起到预期的效果。

首因效应：面对陌生人，说好第一句话很重要

在人际沟通中，如果能够把第一句话说好，就可以给陌生人留下良好的印象，也可以与陌生人之间建立良好的关系。

从心理学的角度而言，初次见面说出的第一句话，将会给他人留下深刻印象。遗憾的是，很多人都没有认识到说好第一句话的重要性，而出于害羞、腼腆等各种原因，根本不好意思大大方方地说出第一句话，也就错过了给他人留下好印象的最佳时机。很多人在人际沟通中，常常遭遇冷场，自己也会感到非常难堪和尴尬，这就是因为他们不懂得如何说好第一句话，不能给交往奠定良好的基础。有大格局的人，会把自己的交往目的暂时搁置，而全力以赴去奠定和发展关系，给关系一个好的开始，这样交往才能顺利进行下去。

现实生活中，很多人在面对陌生人时都会存有戒心。这是因为初次交往的人在心理上存在障碍，也会因为陌生而产生隔阂。是否能够消除隔阂，决定了交往是否能够顺利且成功的展开。有些人长相英俊或者容貌秀丽，可以第一时间就在视觉上给他人留下好印象，这是开展交往的加分项，能够让接下来的交往更加顺利。而有的人长相不那么出色，在与人交往的时候，就必须发挥语言的魅力，说好第一句话，这样才能与他人之间进行顺畅的沟通和互动，为未来的交往奠定基础。既然第一句话如此重要，我们就要非常慎重地说好第一句话，切勿把话说得惹人生厌，否则再想补救就很困难。

要想吸引他人的注意，激发他人的谈兴，在说好第一句话的时候，我们要坚持几个原则。首先，要说对方感兴趣的话题；其次，要说对方可以接茬的话题；最后，要说轻松愉悦的话题。初次见面的人彼此之间缺少共同的话题，也不知道对方对哪些话题感兴趣，就可以先说些轻松愉悦的话题，观察对方的兴趣所在。任何事情，如果有一个好的开头，后续做起来就会更顺利。反之，如果开头就进展艰难，则很难得到想要的结果。

丹丹似乎有一种特别的能力，即不管什么时候，面对什么人，她都能很快地和对方打成一片，与对方相谈甚欢。哪怕面对的是陌生人，丹丹也从来不会感到害怕和畏缩，而是能够轻松地与陌生人攀谈。谈着谈着，他们就从陌生变得熟悉起来。

有一天，丹丹参加了一场读书会。这是丹丹第一次参加读书会，对于与会的成员非常陌生。但是，这可难不倒活泼热情的丹丹，很快，她就和与自己邻近的成员打得火热了。丹丹对一个看起来温婉如同江南女子的成员说："今天真冷，你是南方人吗？北方这么冷，南方人肯定觉得很难过。"对方笑起来："我是半个南方人，我妈妈是南京的，我爸爸是山东的。"丹丹忍不住笑起来："和北京相比，山东也算南方。就连我这样的东北人都觉得冷，你作为南方人一定觉得更冷！对了，你家现在在哪里呢？是在山东，还是在南京呢……"就这样，丹丹和对方你一句我一句地聊了起来，不亦乐乎。

会搭讪的人，即使面对陌生人，也能在说出第一句话的时候，准确地抓住陌生人的心，激发陌生人的谈兴。事例中，丹丹很健谈，能把话说得打动人心，也赢得了对方的好感。

太多的人之所以木讷寡言，不知道如何与他人攀谈，就是因为他们不知道怎样才能说好第一句话。的确，突兀地和他人交谈，往往使得他人丈二和尚摸不着头脑。只有经过理性的思考，把话说到他人的心里去，才能成功地激发起他人的谈兴，与他人之间建立沟通的桥梁。

要想与陌生人拉近关系，消除彼此之间的隔阂感和陌生感，就要掌握以下的方式与技巧。

首先，要有礼貌地问候他人。面对一个满面笑容的问候者，很少有人会选择视而不见。当我们对待他人很有礼貌，也在真诚地问候他人，相信一定会得到他人的积极回应，也会与他人建立良好的关系。

其次，要学会仰慕他人。要想拥有良好的人际关系，与他人之间顺畅沟通，就要善于发现他人的优势和长处，也要慷慨地给予他人认可和赞赏。有些人嫉妒心强，一旦看到他人在某些方面比自己强，就会打翻醋坛子，根本不愿意承认他人有过人之处。有大格局的人不会因为嫉妒他人就对他人的优势和长处视若无睹，反之，他们会坦率地承认他人有哪些值得学习的地方，也会慷慨地赞美他人。唯有如此，他们才能以真诚友善赢得他人的尊重，也才能与他人之间建立良好的关系。

最后，开展"认亲"式攀谈。民间有认亲的行为，即使是没有血缘关系的人之间，因为相处很好，也可以建立联系。"认亲"式攀谈，恰恰可以在最短的时间内拉近与别人的关系，使得彼此之间的心理距离更加亲近。当然，并非只有亲戚关系才可以相认，只要是能够扯得上关系的人，都可以彼此亲近，建立友好关系。

说好第一句话非常重要，有大格局者不会忽略第一句话的重要性，而是会更加用心地设计好第一句话，从而让交流变得更加生动活泼，充满吸引力。开头第一句话说好，后续的沟通会更加顺畅，更有效率，也能更成功地建立良好的人际关系。

把握好分寸，给自己留有余地

日常生活中，很多人总是喜欢把话说得很绝对，这固然可以给人留下观点明确、感情鲜明的印象，但是却会在不知不觉间把后路堵死。说话准确明了固然是很好的表达习惯，但是生活从来不像数学计算题那样严丝合缝，而是常常需要"模糊"。每当这时，我们就要用"大概""也许""似乎""好像"等模棱两可的表达来应对，这是很有必要的。

古人云，满招损，谦受益。就像一杯水，我们如果倒得太满，就会溢出来。只有把水保持合适的高度，才能避免杯子里的水溢出来，也可以保证装入足够的水。说话也是如此。那些总是把话说得太绝对的人，一旦无法兑现自己的承诺，就会把自己置于失信的局面。反之，那些能够逢人只说七分话的人，看起来虽然很圆滑，但是实际上他们却能够给自己留有余地，万一想改变想法，也不至于让自己陷入被动的境地。

把握好分寸，在与人相处的过程中，我们才能始终给自己更大的空间去斡旋。现实是残酷且无奈的，很多情况并非会按照我们所期待的样子去发展，而会因为情势瞬息万变，出现很多意外局面。越是如此，我们越是要保持淡然的心，既不因为情况超出预期而感到惊喜，也不因为情况变得糟糕而沮丧，而是始终都能给自己足够的时间和空间去进行思考和选择，这样才能做到进退皆从容，游刃有余。

快要过春节了，宋磊带着妻儿回到家里。对于妻子刘静，宋磊一直都很感激，因为宋磊和刘静是裸婚，结婚的时候，宋磊一无所有，但刘静从来不嫌弃宋磊，愿意和宋磊一起努力奋斗。这年春节，宋磊和刘静心情都很好，因为他们刚刚买了一辆车，花了二十几万呢。和以往乘坐火车回老家过年不同，这一次，宋磊和刘静是开着私家车回老家过年的。刘静为此很骄傲，觉得自己脸上有光。

回家第三天，妈妈突然对宋磊说："明天去接新娘子，还能赚二百块钱呢！"宋磊很吃惊，刘静也惊讶地看着婆婆："什么二百块钱？"婆婆说："接新娘子的喜钱啊！明天邻居家儿子结婚，早半个月就跟我说要用你们的车去接亲。"还不等刘静说什么，宋磊赶紧抢在前面说："妈妈，你怎么没和我们商量一下啊！"妈妈说："就接亲嘛，还能坐席，还给喜钱，有什么好说的。我算着日子你们肯定已经回到家里了，就答应人家了。"刘静生气地说："我不同意！"婆婆说："但是我已经答应人家了，明天就结婚了，现在去找车也来不及啦。"刘静依然板着脸说："我和宋磊在一起，没有用过家里一分钱，结婚的衣服都是我自己买的。现在这辆车是我们购置的第一件重要家庭资产，我们还没有房子呢，这辆车就像是我们的房子一样，我不可能给别人接亲，把喜气给了别人。"婆婆说："我们这里都是这样的，谁家有车，有结婚的，就一起用。邻居家一共找了六辆车呢！我们就是这样的风俗。"不说风俗还好，一说风俗刘静更生气了："那风俗没说娶儿媳妇不用花钱吧，我们结婚的时候，谁给我彩礼了？就一辆破出租车去接的我，车子都没有洗干净。现在有这个风俗啦？反正不给用，你要不去回绝人家，要不就去帮人家找车。因为你擅自答应人家给人家造成的损失，我可以承担，我去租辆车给他。"听到刘静斩钉截铁的话，婆婆知道劝说无望，只好不顾自己的脸面去把情况告诉邻居。

13

在这个事例中，刘静做得没有错，因为车子是她和宋磊辛辛苦苦赚取的财产，所以婆婆要想把车子借给邻居接亲用，肯定是要提前和刘静、宋磊打招呼的。不得不说，这个婆婆实在是不拿自己当外人，不但背着儿子、媳妇把车允诺给别人用，而且在儿子、媳妇到家之后，也没有第一时间把这件事情告诉儿子、媳妇。刘静坚持了原则，借此机会让婆婆知道了婆婆与儿子、媳妇之间的行为界限。不可否认，婆婆在去回绝邻居的时候，一定是很尴尬的，这是因为她此前已经把话说死了，现在不得不收回承诺。如果婆婆当初在允诺邻居的时候给自己留个活口，那么可以说："应该没问题，不过毕竟是儿子、媳妇买的汽车，我们作为老人也没有出钱，所以还是要等他们回来之后，我问过他们，再告诉你们准信。"这样一来，相信婆婆就不会这么被动和尴尬了。

任何人都不要把话说死，心中要有大格局，不但要看事情的细节，也要看事情的更多方面，意识到很多情况都是瞬息万变的，不可能保证事情的发展是都朝着我们所期望的方向的。在说话的时候，一定要给自己留下更多的余地，这样才会有更大的回旋空间。

给自己留有余地，除了不要轻易做出承诺，不要把话说死之外，在与人沟通的过程中，还要尽量控制好自己的情绪，避免咄咄逼人。所谓与人为善，与己为善。任何时候，给人留下余地都是一种为人处世的智慧，在给他人留下余地的同时，我们也会有更多的机会去协调和斡旋。事例中，刘静愿意承担婆婆擅自承诺给别人造成的损失，就是在给婆婆留余地。说话的时候，切忌咬牙切齿，不要觉得自己用了很大的力气说话、把话说满就能体现出力度。任何人一旦把说过的话抛之脑后，不能兑现，就会失去威信，使语言变得无力。

关于留余地，《菜根谭》中有这样的记载："径路窄处，留一步与人行；滋味浓时，减三分让人尝。"世界上的万事万物都处于发展变化之中，不但人会改变，事情也随时在发展变化。记得有一位名人说，只有变化，才是世界上唯一不变的。我们一定要避免把话说绝，也要避免把事情做得太绝。这样在发生变化的时候，我们才有更大的空间去改变，也才有更多的机会去弥补。

你说别人的狠话，都扎在自己心上

近些年来，随着教育理念的更新换代，赏识教育得以大力推行。在越来越多的家庭里，父母不再体罚和打骂孩子。虽然父母们对于打骂孩子有了深刻的认知，也能够控制住自己不对孩子动手，但他们还是忽略了家庭教育中一个严重的情况，那就是对孩子的语言暴力。不可否认，有些孩子的确很气人，特别是那些已经懂事的孩子，在面对父母的批评时，偏偏要与父母对着干，这是让父母难以接受和从容应对的。当被孩子气得失去理智，父母说出来的话就会像刀子一样扎入孩子的心上，让孩子根本无法承受，更不能面对。

很多人都喜欢逞口舌之快，面对打不过的人，或者让自己无可奈何的人，他们内心的愤怒却汹涌澎湃，无法控制。在燃烧的怒火之中，他们无法控制自己保持理性，也无法以正确的做法应对糟糕的一切。他们的心就像脱缰的野马，他们变得口无遮拦，他们不再是语言的驾驭者，而是变成了语言的奴隶。一句句话就像利箭一样射出，可对于他们而言，每一句扎在别人心上的话语都变成了他们心中的尖刺，就那样突兀地存在着。

从心理学的角度而言，一个人对他人的想法，实际上是来自于他们对自己的想法。这是人的主观思想在发生作用，在对人的生活和工作产生投射。举个最简单的例子，一个人爱吃鱼头，就认为鱼头是世界上最好吃的东西，面对自己所爱的人，他们会慷慨地把鱼头赠送给对方吃。一个人浑身冰冷，觉得天气特别寒冷，他就会觉得别人也很冷，作为父母还会不顾孩子的反抗，坚持要给孩子穿上厚重的衣服。把自身的主观感觉投射到他人身上，这是人们很容易犯的错误。一个喜欢撒谎的人总觉得其他人也在撒谎，一个居心叵测的人总觉得他人在陷害自己。曾经有位名人说，每个人眼中所看到的世界，都是他们心中的世界折射出来的样子，这是很有道理的。

既然如此，我们为何要对他人肆无忌惮地说话呢？唯有坚持以和善的语言对待他人，我们才能得到他人同样的对待。否则，如果总是把语言当成尖刀和利箭，刺入别人的内心，我们与他人的关系也不可能交好。

说人是非者，就是是非人。对自己不满的人，往往对于别人也会有各种不满。要想看到对的世界，大格局者首先要端正心态，才能以更加积极友善的态度面对一切，否则，当我们的心中蒙了尘，我们的语言也会变得很脏，根本无法呈现出我原本玲珑剔透的内心。

保持镇定，才能真正做到从容

青春年少的日子，正是一生之中最轻松自如的日子。在这段美好的时光里，我们总是想哭就哭，想笑就笑，无需在乎他人的目光，完全活出了真我的模样。那个时候，我们少不更事，为赋新词强说愁，还自以为是真性情。随着不断成长，经历的事情越来越多，我们会发现心越发沉重起来，我们不知不觉间学会了掩饰，该笑的时候不敢笑，想哭的时候又要强忍着不能哭，这到底是怎么了呢？我们距离自己的心越来越远，距离喜怒哀乐也越来越远，我们用一层虚伪的假面掩饰了自己的内心，喜怒不形于色，表面上总是一副波澜不惊的样子。

有人很喜欢自己现在的样子，让人看不透，也有人很讨厌自己现在的样子，觉得自己失去了真性情。其实，这是成长的必然。这不是在以虚伪的假面伪装自己，而只是因为我们越来越成熟，所以不会再像以前那样随心所欲，完全被情绪主宰。成熟的最大标志之一，就是能够驾驭和掌控自己的情绪，面对人情世故更加练达，即使面对突如其来的重大事情，也能够坦然对待，从容面对。

宠辱不惊，闲看庭前花开花落；去留无意，漫随天外云卷云舒。这是也无风雨也无晴的淡定状态，是懂得了做人做事的道理，所以更能够保持内心的淡然平静，以不变应万变。当然，从容不迫的气度并非与生俱来，也不是随随便便就能修炼得到的。真正的从容，是发自内心的平静，真正的练达，是人生历练后的包容和接纳。有大格局的人才能做到从容淡定地度过青春年少的慌慌张张，让人生进入波澜不惊的状态。

当年，谢安归隐田园，在东山过着逍遥自在的生活。有一次，他和好朋友王羲之、孙绰等一起乘船出海游玩。正在他们把酒言欢的时候，突然海面上刮起狂风，一时间惊涛骇浪，他们乘坐的小舟如同一片树叶一样随着波浪颠簸。大家都害怕极了，只有谢安表现出气定神闲的样子，说："如果我们不能保持镇定，就很有可能葬身大海。"听到谢安的话，大家这才恢复冷静，全都在船上坐好，努力保持平衡。最终，海上的风浪过去，谢安和朋友得以安全返回岸边。

谢安不但在遇到意外情况的时候能够保持镇定，就算是在战场上，也能做到心如止水，临危不惧。谢安率领军队在与秦军对垒的时候，局势瞬息万变，情势非常危险。有一天，谢安正在下棋，前线传来捷报。谢安看过捷报，不动声色地把捷报放在一旁，继续和人下棋。对手终究忍不住，问谢安："前线战况如何？"谢安轻描淡写地说："终于战胜了秦军。"对手马上按捺不住，当即停止下棋，迫不及待地要把这个好消息分享给更多的人。等到客人离开，谢安这才三步并作两步地走向内宅，险些一个趔趄跌倒在地。他实则狂喜，表面上却气定神闲。这就是谢安的从容气魄。

不可否认，谢安的心理素质是非常强大的，所以才能在危急或者喜悦的情况下，始终表现出从容镇定的样子。不管是在生活中还是在工作中，我们总是会遇到形形色色的人，经历各种各样的事情，如果因为小小的波动和起伏就情绪忽起忽落，则很难始终保持淡定。

　　也许有些朋友会说，故作从容并没有什么大不了的。从心理学的角度而言，人的行为会受到情绪的影响，反之，人的情绪也会受到行为的影响。在危急紧要的关头，如果我们能勉强装作镇定的样子，则日久天长，我们的内心就会越来越强大，也会真正地从容。

　　保持镇定从容，这是为人处世的智慧。任何人，不管是面对好事情，还是面对非常糟糕的情况，都要笃定自己的内心，这样才能宠辱不惊。有大格局的人更不要总是把随时产生的各种情绪都表现在脸上，当一个人被人一眼看到底，固然是清澈，却也是悲哀。当身边的人感到惊慌失措，我们更要保持从容心态，这样才能给他们吃下定心丸，也让他们有足够的信心和勇气，面对一切有可能发生的糟糕情况。

第二章

谦虚委婉：懂得以退为进

很多人说话咄咄逼人，导致人际关系恶化，总是被人疏远和嫌弃。有些人懂得说话的艺术和智慧，他们很清楚说话有道，是不能胡来的，因而也就避免了受到情绪的驱使，在冲动之下不计后果地口无遮拦。有大格局者非常谦虚，表达也坚持委婉的原则，他们想要进一步，反而采取退让的方式，实现自己的表达目的，这就是大格局者的以退为进。

打人不打脸，骂人不揭短

所谓骂人揭短，就是把话说得尖锐犀利，哪壶不开提哪壶，专门说起他人的伤心事，提起他人的短处。这样说话的效果就相当于扬起巴掌打在他人的脸上，会使他人非常难堪和尴尬。偏偏在现实生活中，有很多人都不懂得说话之道，在与人相处的过程中，总是打人打脸，骂人揭短，根本不能与人好好相处。

语言是人与人之间沟通的桥梁，也是沟通的媒介，人际交往中的相处和交流都是通过语言进行的。格局小的人只为了发泄一时的愤怒，哪句话更犀利和尖锐，他们就会说哪句话。相比之下，格局大的人不会为了逞一时的口舌之快，就口无遮拦，只为泄愤。他们很清楚语言的重要作用，也知道人际关系一旦受到损伤，就很难修复。越是当话滑到嘴边马上就要说出口的时候，他们越是以更强大的力量管理好自己，不让自己不假思索地说那些伤人的话。这样的明智和隐忍，对于维持良好的人际关系大有裨益。

明朝的开国皇帝朱元璋从小家境贫寒，当过和尚，做过乞丐，经常过着缺衣少食的生活，勉强生存下来。然而，他胸怀大志，虽然出身贫苦，却始终不忘鸿鹄之志，最终登上了皇帝的宝座。得知朱元璋成为当朝皇帝，那些穷亲戚穷朋友纷纷赶往京城，他们都想借着朱元璋的势力飞黄腾达。

有一个儿时的小伙伴见到朱元璋，还在朝堂之上，就丝毫不顾及朱元璋皇帝的身份，肆无忌惮地对朱元璋说："老朱啊老朱，你还记得我吗？我们俩可是一起穿着开裆裤长大的，你有几次做了偷鸡摸狗的坏事情，害怕挨揍，还让我帮你顶罪呢！记得吗？还有一次，你嘴巴馋了，偷吃人家地里的豆子，结果豆子卡在你的嗓子眼里，差点儿没把你噎死。幸亏我及时帮你把豆子弄出来，你才能够喘气……"这个发小喋喋不休地说着，丝毫没有注意到高堂之上，朱元璋的脸色都变了。结果，他还没有说完，朱元璋大喝一声："什么贼人，拖出去斩首示众！"这个发小压根不知道自己为何冒犯了朱元璋，就这样白白丢掉了性命。

这位小伙伴不知道，今日的朱元璋已经今非昔比，他只顾着提醒朱元璋念及往日的情分，却丝毫没有考虑朱元璋现在的身份，而且是当着朝堂上文武百官的面揭朱元璋的短处，说朱元璋的黑历史，自然伤害了朱元璋的颜面，也惹得朱元璋怒火中烧。

金无足赤，人无完人。在这个世界上人人都会犯错误，都有不那么光彩的过往。在人生的道路上，不管未来将会如何，我们都要直面自己的过去。但是，对于他人的过去，却要尊重和慎重地对待，尤其不要不分场合地提起他人的过去。每个人都希望自己能够以更完美的形象出现在他人面前。然而，人人都有缺点，有些人能够坦然面对和接纳自身缺点，有些人则总是想要逃避缺点。实际上，客观存在的一切都是无法改变的，但是这不意味着我们可以对他人"不开的壶"随便提，而是要讲究方式方法，尊重他人，顾及他人的颜面，这样才能表现出对他人的尊重。

即使对于那些无意间伤害了我们的人，我们在与对方交流的时候，也要谨言慎行，而不要总是和对方针锋相对。我们要有一颗宽容的心，不要总是对于他人的无心或者有意的伤害而耿耿于怀。明智豁达的人会忘记那些不愉快的事情，这样才能在生活之中始终向前看。

一个人总是有所长，也有所短，不可能做到绝对完美。越是相处深入，越是容易发现他人的缺点，最重要的不是当机立断指出他人的不足，使他人感到难堪。而是要学会维持他人的颜面，让他们怀着从容的心态面对我们，坦然地与我们相处。人际关系总是相互的，我们怎样对待他人，就会得到他人怎样的对待。因而要想建立良好的人际关系，要想拥有丰富的人脉资源，我们先要学会说话，以语言作为与他人沟通的纽带，与他人之间建立良好关系，让感情变得更加深厚。如果无意中揭了别人的短，一定要当即想方设法帮助他人消除尴尬，缓解难堪，这才是行之有效的补救方法。

得理也要让人三分

在现实生活中，很多人一旦占据道理，总是寸步不让，咄咄逼人，真正印证了那句话：有理走遍天下。然而，坚持道理，我们固然可以挺直腰杆，但是一味地捆绑着道理，得理不饶人，只会让我们失去好人缘。真正的大格局者，深谙得理更要饶人的道理，这样才能怀着宽容友善的心，与他人和谐相处，建立友好关系。

很多人都讨厌仗势欺人的人，是因为仗势欺人的人总是凭着他人的力量或者势力，表现出绝不退步的姿态。从本质上而言，一个人如果仗着有道理就揪着他人的错误不放，也"涉嫌"仗势欺人。做人要心底无私才能天地宽阔，如果总是抓住各种错误对人进行打击报复等，则只能说明自己心胸狭隘，在人际相处的过程中必然把路越走越窄。

于右任先生在书法领域有很大的成就，他的字千金难求，很多人都想求得他的题字，也有一些附庸风雅的人不惜购买赝品。有一些生意人为了表现自己的高雅，彰显自己作为文化人的气度，往往会在办公室挂上"于右任的字"。渐渐地，居然有些开饭店的人把招牌也换成了"于右任的字"。他们明知道自己求不到于右任的真迹，便故意以赝品代替之，也有的是被赝品蒙蔽了眼睛，把赝品作为真品高高悬挂。

一天中午，于右任的学生在一家街边小馆吃饭，看到饭馆的牌匾赫然落款"于右任"。学生当然认识老师的字，一眼就看出这个牌匾上的字是赝品。来不及把饭吃完，学生就跑来向于右任汇报："老师，太可气了，一家街边小馆居然敢挂您的字，一看就是赝品，字写得难看极了。"学生原本以为老师会和他一起去找小饭馆理论，却没想到老师说："那可不行，这样的赝品一定会给我抹黑。你告诉我饭馆是什么名字，我来写一副真的送给他。"后来，于右任果然亲笔题字送给那个街边小馆，还顺便光顾了小馆品尝了地道的羊肉泡馍，照顾了小馆的生意呢！

作为一位书法家，要想指责一家小饭馆，责令小饭馆把赝品招牌撤换下来，是一件非常容易的事情。于右任没有对小饭馆咄咄逼人，而是亲自题字给小饭馆，让小饭馆把赝品换下来。可想而知，小饭馆老板求于右任的真迹而不得，如今却机缘巧合得到于右任的真迹，简直是天上飞来的好事情。自从发生这件事情后，于右任德艺双馨的好名声也在业界传开来，大家都知道他不但字写得好，而且人品也非常好。

于右任对于事情的处理方式是非常到位的，不但避免了争吵，还圆满解决了问题，而且也为自己在业界赢得了赞誉，可谓一举数得。现实生活中，一个人如果总是斤斤计较，即使占据道理能够在争吵中处于上风，也只会落得两败俱伤的后果。反之，一个人如果胸怀开阔，得理也能饶人，就可以以宽容博大的胸怀征服他人。

在生活中的各种场合里，我们如果能够做到得理饶人，不但可以把矛盾消除于无形，还可以表现出自己的高姿态和宽容之心，体现自己为人处世的智慧和至高无上的德行。现实之中，很多人因为鸡毛蒜皮的小事情就与他人发生矛盾与争执，还会因为与他人互不相让，而导致冲突升级，引起严重的后果，无法收场。其实，人世间除了生死事大，其他事情并没有我们想的那么重要。不管是做人还是做事，我们都要理性明智、宽容友善、有大格局，这样才能不把事情做绝，不把话说绝，心甘情愿地让人三分，也给自己留下更大的空间与人相处。俗话说，家和万事兴，我们不但在小家里和亲人相处要友爱谦让，在社会这个大家庭里和形形色色的人相处时，也要退一步海阔天空。人生没有过不去的桥，每个人对待他人宽容，就是对待自己宽容。

有的时候，争辩毫无意义

生活中，只有极少数人与世无争，不但对于名利权势没有那么迫切的渴望，而且在语言方面也表现出随意淡然的样子，很少与他人进行口舌之争。与这些淡然者恰恰相反，很多人都喜欢与人争辩，严重的甚至被称为"杠头"。所谓杠头，顾名思义就是不管和谁说话，也不管说起什么话题，只要遇到和他人意见不统一的情况，马上就会和他人针锋相对。不管他人说了什么，他们很少会进行理性思考和综合分析，而总是不假思索地就对他人进行反驳。

喜欢与人争辩的人往往自我感觉良好，他们固执地认为自己所坚持的都是对的，而别人所说的都是错的。在这样自以为高明的心态影响下，他们变得越来越面目可憎，渐渐被人疏远，却浑然不知。没有人愿意和这样缺乏风度的人沟通，因为喜欢争辩的人格局非常小，心里只能装得下自己。

在沟通的过程中，参与的每一方都处于同一平台之上，沟通的目的正是平等地交换信息，融合不同的思想。如果沟通不能实现这个目的，就毫无意义。一个人的独白是演讲，即便作为演讲者，如果没有听众的响应与附和，也必然是寂寞的和孤独的。真正善于沟通的人，都是有大格局的人，他们不会逞强逞勇，不会为了自己说个痛快就不给他人说话的机会，也不会不由分说就反驳和否定他人。良好的沟通要建立在尊重和平等的基础上，要让参与沟通的每一方都能畅所欲言，这样才能融合不同思想，达成共识。

在宿舍里，慧芳是一个不受欢迎的人。为什么呢？她其实心眼不坏，人很实在，唯独说话不招人待见。渐渐地，舍友们都开始疏远慧芳，有什么事情也不愿意和慧芳说，因为他们生怕慧芳说出什么直肠硬核的话，让大家都下不来台。

周末，离家近的同学都回家了。周一，薇薇穿着一件新买的连衣裙回到学校。舍友们看到薇薇的连衣裙都啧啧赞叹，薇薇的家就在市区，家庭条件很好，她是家里的独生女，从小难免娇惯。有个舍友问薇薇："薇薇，你的连衣裙一定很贵吧！我有一次在商场里看到类似的款式，要一千多元呢！真贵，赶上一个月的生活费了。"还不等薇薇回答，慧芳就抢着说："胡扯吧，一件连衣裙怎么要一千多元呢，也就百十块钱。"原本满脸笑容的薇薇，在听到慧芳的话后，脸色陡变说："那是在你家，农村，这里可是市区。况且，不管在哪里，百十块钱的裙子和一千多元的裙子怎么能一样呢！"慧芳对薇薇的话不以为然，走过去摸了摸薇薇的裙子，说："面料差不多，上次我回家，我大姐买了两条连衣裙，都是这样的面料。"薇薇更生气了，铁青着脸说："就算面料相似，款式和做工也不一样！"慧芳还是不依不饶："款式做工也是类似的。现在仿造多快啊，米兰时装周的款式要不了多久就会传到乡镇，更别说这也不是什么高档款式。至于做工，更是相差无几……"不等慧芳把话说完，薇薇就愤然离开。接下来的好几天里，薇薇都对慧芳爱答不理。

女孩子都很爱美，每当穿了漂亮的衣服，总是希望自己能够得到他人的赞美。在这个事例中，慧芳显然不懂得说话之道，也不懂得人际相处之道。所以，她才会在薇薇欢喜地穿着新的连衣裙到宿舍之后，有心或者无意地与薇薇针对连衣裙的价格进行争辩，最终惹得薇薇非常不高兴。

如果慧芳说出这些不招薇薇喜欢的话是无心的，那就说明慧芳情商很低，不知道如何把话说到他人心里去。如果慧芳是因为嫉妒薇薇，故意说出这些不着调的话来刺激薇薇，那么慧芳就是一个心胸狭隘、格局很小的人。因为她把自己的快乐建立在他人的痛苦之上，明明可以把薇薇说得心花怒放，却偏偏要把薇薇说得灰心丧气，对她满腹牢骚和不满。

争执有什么意义呢？很多人每当与他人意见不统一的时候，就喜欢与他人争执。殊不知，这样一味地争执除了会伤害与他人的关系和感情之外，对于问题的解决和共识的达成并没有好处。明智的人始终牢记，沟通的目的是为了达成共识，而不是为了在争执中使关系恶化。与其浪费唇舌去争执，还不如冷静下来，保持理性，心平气和地与他人沟通，表达自身的想法和意见，也理解和接纳他人的想法和意见。如果想法不谋而合，自然更好；如果想法不同，意见有分歧，则可以选择合适的方式与他人协商一致。这样的沟通才能起到预期的效果，才有助于促进人际关系的建立。

为了减少争执的次数，有几个技巧可以使用。首先，当想要与他人争执的时候，我们要先判断正在讨论的事情是否涉及原则性问题、是否值得争执。如果只是在闲谈中说起米饭好吃还是面条好吃，那么完全无须争执。此外，还要判断正在讨论的问题是否必须当机立断解决，如果不是迫在眉睫需要解决的，那么完全可以等到彼此都平静下来再进行理性探讨。其次，当情绪很冲动地想要与他人争执的时候，一定要提醒自己"真的有必要争执吗""我又要陷入无休止的争执吗"，这样的自我反思和提问能够帮助我们平复情绪，也能够让我们认识到自己根本不应该陷入争执的漩涡。最后，要学会接纳他人的不同意见，不要总是与他人针锋相对，也不要每一次都试图说服他人。很多事情都不是非对即错的，人很容易陷入主观情绪之中无法自拔。在这种情况下，一定要提醒自己跳出主观的怪圈，从而更加客观清醒地认知事物，也让自己以包容的心态去接纳更多不同的存在。

当然，要在思想上认识到减少和避免争执的重要性，这样的觉悟本身就值得赞许。为了做得更好，我们还要学会站在他人的立场上，设身处地为他人着想。这样就能更加客观公正地看待事物，对待身边的人，也能够避免那些不必要的争执和冲突。

多多肯定他人的努力和付出

现实生活中，很多人争名夺利，尤其是在竞争激烈的职场上，他们更是会为了赢得更高的职位、更多的薪水，而拼尽全力地表现自己。他们一门心思只想得到领导的认可和赏识，让自己的职业前途一片锦绣光明。正是出于这样的心态影响，很多职场人士一旦有了功劳，就恨不得把所有的功劳都算在自己的头上，而后马上带着功劳去找领导邀功。实际上，这样的想法是错误的，这样的做法更是需要批评的。

现代社会，越来越讲究分工与合作。随着分工日益细化，合作也日益频繁和密切。作为一个职场人，即使能力再强，也不可能成为孤立的英雄，而必须把自己融入团队之中，借助于团队的力量，才能不断地发展壮大自己，在工作的过程中做出伟大的成就。偏偏有很多人都不明白这个道理，他们把自己看成大海，而把别人看成一滴水，认为别人是可有可无的。实际恰恰相反，每个人只有把自己当成一滴水融入集体的大海之中，才会打造出实力强大的作战团队。有大格局者从来不会把自己孤立起来，更不会认为自己是大海，与其他的生命个体相互孤立存在，因为这么做根本不能成为超强团队的一员。

大格局者很清楚自己凭借一己之力是无法把很多事情都做好的，所以，他们能摆正自己的位置，能积极地让自己融入团队之中。怀有这样的信念，大格局者不论取得怎样的成就，都会首先肯定他人的努力，诸如认可团队成员的付出，感谢团队成员的支持，绝不居功自傲，而是把自己和所有人看成完整的、不可分割的整体。哪怕有机会代表全体成员走上领奖台，发表获奖感言，他们也会把自己放在最后提起。这样的说话方式，会让他们成功地赢得他人的认可和尊重，也会让他们拥有忠心耿耿的追随者，和他们一起为了再创辉煌而拼搏努力。

作为项目组的负责人，路达最近指导的项目成功收官，不但获得了上司的好评，还得到了公司的嘉奖。适逢公司开年会，路达领取了获奖证书，还有奖金呢！对于这样的荣誉，路达自然欣喜，在代表项目组上台发言的时候，他说出的一番话更是得到了上司和老总的刮目相看，也得到了项目组全体成员的力挺。

年会就是表彰大会，除了路达要上台发言，公司还评选出优秀部门，安排优秀部门主管上台发言。部门主管的发言在路达前面。他意气风发走上台，对台下的领导和同事们说："我能带领部门走到今天是很不容易的，时至今日，我还记得当初我刚刚接手该部门的时候，部门里人员良莠不齐，管理混乱，大家军心涣散，根本无心工作……"几分钟的发言下来，这位部门主管只字不提全体部门成员的努力，也没有感谢上司的栽培和支持。他发言结束后，只得到了稀稀落落的掌声。

紧接着，就是路达发言。路达走上台，首先对台下鞠了一躬，说："我之所以能站在这里，必须感谢台下的每一位。没有领导的支持，没有团队成员的齐心协力，没有其他部门同事的密切配合，我们的项目不可能获得成功。初入公司的时候，我只是一个刚刚大学毕业的毛头小子，如今我一路跌跌撞撞走来，得到很多人的帮助和扶持。尤其是这个奖杯，绝不是我一个人的，而是我们项目组全体成员的。很多个日日夜夜，不管是单身的小王，还是有两个孩子的老张，都毫无怨言地留在公司，我们一起加班，一起奋斗。遇到错误，上司从来没有劈头盖脸数落我们，而是给我们机会去反思和改正。听说还有奖金，我就先把话说在这里，不管有多少奖金，除了项目组聚餐之外，其他的奖金全都平分……"路达话音未落，全场掌声雷动。后来，那个自高自大、居功自傲的部门主管很快就众叛亲离，而路达则在公司里拥有了好人缘。后来，每当需要合作的时候，路达都有很多的合作伙伴作为备选。

是否会说话，其实不仅仅是由语言表达能力决定的，而是由每个人心中的格局决定的。一个人拥有大格局，在有功劳的时候，不会盲目地把功劳据为己有。他们格局大，胸怀开阔，知道合作是必然的，也知道要把功劳与合作伙伴共享的道理。

不管是在职场上还是在生活中，都不要忽略他人的努力与付出。即使他们付出得不多，甚至对于你获得成功并没有至关重要的作用，在取得成功的那一刻，你也应该真诚地对对方说谢谢。有些人觉得这样的感谢只是客套话，是形式主义，没错，我们无法确定每一句客套话都是发自内心的，但是说出感谢的话总比什么都不说要好得多，除非你已经和对方达到了心有灵犀，不点也通的默契程度。从职业的角度而言，当一个人取得成就的时候，就已经得到了上司的认可。在这种情况下，如果有大格局，把感谢的话说得圆满周全，就会更加打动人心，也让人肃然起敬。

丑话说在前头，很有必要

很多人在准备说出难听的话之前，总是会提前预告一下：我丑话说在前头哦！这么做是没错的，因为很多事情都是客观存在的，只靠着遮遮掩掩根本不能永远隐藏下去，与其这样被动地、提心吊胆地等着事情暴露，还不如调整好心态，把丑话说在前面，这样会感到非常轻松，心怀坦然。

然而，有些人做人做事总是非常心虚，他们明知道事情的真相并非人们看到的或者想象的那么美好，但就是不敢揭露真相，生怕他人因为知晓真相而选择离开或者放弃。这样的人格局很小，心中没有底气，本身就缺乏直面真相的勇气，也难怪他们不敢对别人揭露真相呢！俗话说，纸里终究包不住火，谎言是无法掩饰事实的。与其遮遮掩掩，让自己非常被动、无奈和恐惧，不如坦坦荡荡，把一切说穿，也就不用再担心真相是个不定时炸弹了。

有过撒谎经历的朋友们都知道，一旦撒了一个谎，就要再撒无数个谎去圆谎。掩饰真相虽然不是撒谎，却是隐瞒，同样会使人紧张不安、焦虑恐惧。有大格局的人首先自己会勇敢地直面真相，其次会坦然地对待他人，向他人说出真相。也许在真相暴露的那一刻大家都会很痛苦，但是紧接着而来的就是无所畏惧地面对，积极地想办法解决问题。反之，如果一直把真相埋藏在心里，日久天长，真相就会像身体上的脓疮，表皮看起来是完好的，实际上在健康的表象之下，血肉已经开始腐烂。面对谎言或者被隐瞒的真相，我们要采取手术的方式彻底剔除脓疮。

格局小的人做事情往往没有原则，他们过多地讲人情，但被人情牵扯，很多事情反而不好处理和解决。相比起这样充满人情味的"拖泥带水"，不如照章办事，坚持原则。有的时候要想把事情说清楚，是需要铁面无私的。特别是在对方最初提出不情之请的时候，我们更是要把丑话说在前头，切勿为了面子勉为其难答应别人的请求。否则，等当因为力所不能及而无法兑现承诺，就会更加尴尬和无奈。格局大的人心怀坦荡，哪怕是和亲兄弟做生意也会把账算在明面上，把钱赚在明处，不会居心叵测，能把自己的真心呈现在他人面前。

作为大学时期的好同学、好朋友，子陌和艾米自然而然成了闺蜜。毕业才几年，子陌遇到了真命天子，急着结婚。为了买房，她和未婚夫借了很多钱，但是还缺少五万元钱。这可怎么办呢？情急之下，子陌想到了艾米。她暗暗想道："我和艾米关系这么好，她一定会借钱给我的。"艾米的确有一些积蓄，她很痛快地答应把钱借给子陌。不过，艾米年纪也不小了，只要找到合适的男孩，很快也会谈婚论嫁。在借钱给子陌的时候，艾米对子陌说："子陌，咱们是好姐妹，我把丑话说在前头啊。我的钱暂时是没有用，但是不知道什么时候就要用了，或者是父母需要用钱，或者是我要结婚。我把钱借给你就是应急的，不能给你用很长时间。这半年里如果不出意外的话，我不会和你要钱的。半年之后，我只要需要用钱，会提前一个月通知你，你必须在一个月内把钱还给我。我也担心咱们这么多年的好姐妹，别到时候因为这点儿钱再反目成仇了，那可得不偿失。"

子陌听了艾米的话连连点头，说："明白，明白！我都能理解，能帮我救急就已经很好了。你放心，等到你需要用钱的时候，我一定马上还钱。如果我有能力，还会借钱给你用。"就这样，好闺蜜在口头上达成了约定。果然，一年以后，艾米的父母也要买新房，子陌刚刚得到消息，还不等艾米张口呢，就赶紧把钱还给了艾米。

俗话说，有借有还，再借不难。欠债还钱原本是天经地义的事情，遗憾的是，现代社会诚信缺失，很多人借了钱马上就翻脸不认人，到别人要钱的时候就想出各种办法搪塞和拖延，甚至明目张胆地赖账。正是这些恶劣情况的发生，使得人与人之间的信任度降低，很多人为了免生闲气，都不愿意把钱借给别人用。艾米是个有大格局的人，她知道自己借钱给子陌已经是在帮子陌的忙，也很清楚自己有权要回属于自己的钱。所以，尽管她和子陌是很好的闺蜜，她还是把丑话说在前头。换个角度而言，如果子陌认为艾米的提议是不合理的，则只能说明艾米根本不是一个真正的好朋友、好闺蜜。

朋友之间有一定的信任基础，相处起来相对容易。如果是在职场上和比较陌生的同事，或者是直接面对陌生人，就更应该照章办事，切勿因为不好意思就忽略一些必要的手续。在缺乏信任的人之间，只是把丑话说在前头还是远远不够的，必要的时候，还要签订合同，约定彼此的权利和义务，也约定各自的责任。很多好事之所以在发展中变成坏事，就是因为没有提前把各种规矩说清楚。只有先行制定规定，等到问题发生的时候，才能根据规定处理问题和解决问题。

在情谊和利益之间，很多人都会感到迷惘，不知道应该把哪一项排在前面。有些人本末倒置，先讲情谊，再讲利益，最终把感情和利益纠缠在一起，弄得一团糟。有些人坚持原则，先讲清楚利益，再讲情谊，也许前期有人会觉得人与人之间很冷漠，但是后期在利益有所保证的情况下，情谊得到更好发展。用通俗的话说，就是先小人后君子，先把难堪的事情说清楚，分配好利益，再在一起图谋合作与发展，这样才能好好相处。

不计较得失，才能胸怀宽广

得到与失去之间并没有一个明确清晰的界限。有的时候，看似得到，实际上是失去；有的时候，看似失去，却又得到了意外的惊喜。为何会出现这样的情况呢？根本原因在于，得到和失去是可以相互转化的，得到就是失去，失去亦是得到。

一个人如果得失心太重，面对小小的得到或者失去，就会随着情绪的巨浪到达巅峰，转瞬间又坠入谷底，可想而知心绪根本不可能保持平静，也就失去了平常心。在人际相处中，心眼小的人很爱计较。在算计来算计去的过程中，他们渐渐地迷失了自己，不知道自己要如何做才能坚持本心。这样的人格局是很小的，他们鼠目寸光，只能看到眼前的得失，而没有办法透过得失的表象看到更深入的本质。由此一来，他们的思想陷入恶性循环，越是心思狭隘越是斤斤计较，越是斤斤计较越是格局变小，最终把自己赶进了一个狭窄逼仄的盒子。

真正的大格局者心怀广阔，不会只把眼光局限于眼前的得失，而是会看到得失背后更多的机遇。他们也不吝啬付出，相信有付出总会有回报，就算是赠人玫瑰手有余香也是难得的满足与平静。在与人相处中，大格局者信奉吃亏是福。他们会主动吃亏，为自己积福，也始终牢记郑板桥所说的，难得糊涂。在与人相处时，他们性格粗犷，忘记自己对别人的付出，而牢记别人对自己的付出。在这样的心态下，他们能够做到与人为善，乐于助人，也因此建立了良好的人际关系，拥有了丰富的人脉资源。

　　春秋时期，管仲和鲍叔牙的故事广为流传，成为友情的经典范本。管仲的家里非常贫穷，父亲死了，只有一个老母亲相依为命。比起管仲，鲍叔牙家境优渥，非常富有。看到管仲生存很艰难，也没有挣钱的路子，鲍叔牙主动提出和管仲合伙做生意。在投资的时候，鲍叔牙出了大部分的资金，管仲只出了很少的资金。而在生意盈利的时候，鲍叔牙只分了很少的红利，管仲则拿到了大部分红利。他们共同的朋友对此颇有异议："鲍叔牙，做生意的钱基本都是你出的，凭什么让管仲拿那么多红利啊，这太不公平了。"鲍叔牙说："管仲家里穷，负担重，还有老母亲需要赡养，他用钱的地方比我多，多拿些是应该的。"

　　有一段时间，鲍叔牙特意聘请管仲帮助他打理一些事情。因为管仲判断失误，鲍叔牙损失了很多的钱。发生了这样的事情，管仲丝毫不觉得愧疚，鲍叔牙也从未抱怨和指责管仲。家里的人看不下去，说鲍叔牙："这个管仲真是倒霉蛋，把你的钱都赔进去了，居然连道歉都没有！这简直是无赖啊！"鲍叔牙马上为管仲辩解："不是管仲判断失误，而是时机不好。"不管别人怎么说管仲，鲍叔牙对管仲的情谊从来没有改变过。

　　后来，齐桓公想让鲍叔牙当宰相，面对这样千载难逢的好时机，鲍叔牙丝毫没有心动，当即就把管仲推荐给齐桓公，自己则心甘情愿居于管仲之下。这样的朋友可遇不可求，这样的情谊比天高比海深。后来，鲍叔牙去世，管仲悲痛欲绝，伏在鲍叔牙的尸体上号啕大哭："父母生了我，但真正懂我的却是鲍叔牙啊！"短短一句话，可以看出管仲与鲍叔牙之间的深情厚谊，也可以看出管仲一直以来接受鲍叔牙的帮助，心中对鲍叔牙是非常感激的。

如果让一个斤斤计较的人来评价管仲和鲍叔牙的友谊，那么，他一定会为鲍叔牙鸣不平，觉得在这段友谊之中鲍叔牙付出的太多，管仲则得到的太多。实际上，真正的感情无法用一杆秤去衡量。为了爱人、朋友、亲人付出，本身就能得到很多的快乐和满足。鲍叔牙对管仲付出了真正的友谊，所以才会这样无怨无悔，从来不和管仲计较。古人云，人生得一知己足矣，鲍叔牙就是管仲的知己。在这段千古流传的友谊之中，鲍叔牙的胸怀和气度，为友谊增加了奇异的光彩。

我们也许没有管仲这样的好运气得到像鲍叔牙这样的好朋友。但是在人际相处中，我们依然要学习鲍叔牙，毫不计较地为自己所珍视的朋友、所爱的人付出，而不是小肚鸡肠地和他们算计。当面对真正的友谊时，要能分清楚轻重主次，而不要本末倒置，切勿把利益放在第一位。当然，要想做到这一点，我们就要有大格局，修炼自己的内心，让自己的目光更长远。

吃亏是福，看似只有简简单单四个字，实际上却蕴含着深刻的人生哲理。有很多人都把这四个字挂在嘴边，但是真正能够以博大胸怀做到主动吃亏的人却少之又少。吃亏，就要主动放弃，吃亏，就要学会舍弃。面对一路奔忙的人生，也许此时此刻我们还在付出，不要后悔，也不要迟疑。因为每一份付出都会有回报，只是时间有早有晚，还不那么确定而已。古人云，有心栽花花不开，无心插柳柳成荫。当我们真正放下得失心，找回平常心，拥有大格局，就能敞开怀抱拥抱人生，也会心怀宽容，接纳身边的人，还会在沟通的过程中口吐莲花，把话说得动人心扉。

第三章

宽容忍让：不咄咄逼人

真正的教养是发自心底的友善，是站在高处的展望，是给人带来温暖。很多人自诩有大格局，却在与他人发生小小矛盾的时候，得理不饶人，对他人步步紧逼。这样的狂妄自大，带给他人的只是尴尬和难堪，而无法给他人留下好印象。做一个有格局的人，我们一定要宽容忍让，很多时候，宽容忍让也是一种强大的力量。

安慰他人，不要忘记给他人希望

锦上添花和雪中送炭，你更喜欢哪一个？如果你渴望结交真正的朋友，那么你一定会选择后者。因为只有真朋友才会对你雪中送炭，在你最需要的时候慷慨地给你温暖，这是患难见真情。反之，如果是虚伪的朋友，那么在你春风得意的时候，环绕在你的身边，说些锦上添花的话，这些根本不是什么难事。

路遥知马力，日久见人心。之所以要经过一段时间的相处才能知道彼此间的心意，就是为了考验对方在危难时刻会怎么说、怎么做。人生不如意事十之八九。在生命的历程中，我们难免会遭遇各种挫折与磨难，也不得不承受来自意料之中或者之外的打击。有的时候，生活中的打击总是突如其来，让人猝不及防。例如，突然被辞退，毫无征兆地被分手，在原本预计会有良好表现的考试后得到成绩一落千丈的结果等。如何面对打击，坚强地站起来，这是决定人生成败的关键。有些打击并不能对我们造成致命的伤害，所以很容易恢复，但是有些打击带来的伤害是很沉重且致命的，我们很有可能因此一蹶不振。在这种情况下，那些身边的人会给予我们支持和鼓励，就像是在暗无天日的时刻里给了我们微弱的光一样，让我们感到内心振奋，充满希望。仅从表面看起来，这些人并没有给予我们切实的帮助，只是以语言来温暖我们陷入绝望的心。但是实际上，这样的帮助至关重要，因为只有帮助，我们才能振奋起来，充满希望。

如今已经不是个人英雄主义的时代，一个人即使能力再强，也不可能仅凭一己之力就生存得很好。当我们从他人那里得到了帮助，收获了希望，在他人遭遇沉重打击的时候，我们同样要义无反顾地用希望驱散他人心中的绝望和无助，给他人带来温暖和光芒。然而，安慰人可不是随随便便就能做好的事情，因为要运用语言的力量，所以安慰是非常微妙的。有的时候，仅仅是一字之差，或者是语气不到位，就会让安慰的效果大打折扣。要想更好地安慰他人，在他人心中种下希望的种子，我们就要多多用心，把话说到对方的心里。

　　大学毕业十年的聚会，同学们都出席了。大多数同学都已经成家了，唯独珍妮独自在大上海打拼，已经三十大几的人了，还没有遇到真命天子。看着同学们有的带着伴侣来参加聚会，有的带着孩子来参加聚会，原本觉得自己独身挺好的珍妮忍不住娇嗔："哎呀，你们都在撒狗粮，让我这样的单身狗怎么活？"

　　甲同学说："珍妮，都毕业十年了，连个男朋友都找不到吗？形只影单的可怎么办，独在异乡，生病了连端茶倒水的人都没有……"

　　乙同学说："珍妮，赶紧找，赶紧找！女人过了三十岁就不好找了，你可是已经三十五啦。再不找，估计找不到未婚的钻石王老五了，只能找离婚丧偶的老头了。"

　　丙同学："珍妮，你自己眼高于顶，挑花了眼，可不要怪我们撒狗粮！抱怨没有用，赶紧行动起来吧，别等我们的孩子都结婚了，你还单着呢！"

　　珍妮忍不住皱起眉头，她其实并不觉得自己的单身生活有什么不好，被这三个同学如此一安慰，却觉得自己简直无路可走，人生无望了。看着珍妮脸色陡变，有个向来以情商高著称的女生马上说："珍妮，你就偷着乐吧！你是只看到贼吃肉，没看到贼挨打。看看吧，我们都变成黄脸婆了，唯独你和上大学的时候没有太大变化，反而变得更漂亮了呢！结婚那么早干吗，早结婚早受累，而且，缘分这事说来就来，你看你现在没有男朋友，是因为没遇到合适的人，说不定什么时候就能偶遇真命天子，这谁能说得准呢！"听了这位同学的话，珍妮忍不住哈哈大笑起来，说："一个人的生活的确挺潇洒，不过我也的确要加快节奏寻找另一半了。你们有合适的人选，都给我介绍啊！"

看了上面的故事，如果你是珍妮，你喜欢哪位同学呢？甲乙丙三位同学都是给珍妮添堵的，说得原本信心满满、充满希望的珍妮，变得很沮丧。这样的安慰事与愿违。相比之下，最后一位同学不愧是以情商高著称的，她说自己很羡慕珍妮单身的自由生活，给珍妮解了围，又祝福珍妮很快就能遇到真命天子，给了珍妮希望，可谓面面俱到，安慰的效果非常好。

人是主观动物，心境很容易受到影响，在悲伤的心境中，难免觉得心灰意冷，觉得自己的生活没有任何希望可言，甚至对于那些本来感兴趣的事情也不想去做。这就是没有希望的表现。在安慰他人的时候，要想增强安慰的效果，我们除了要对他人说些积极向上的话之外，一定不要忘记点燃他人心中的希望，这样才能改变他人的心态，让他人拥有生命的力量。

当然，很多时候，我们想要安慰他人，只是嘴巴上说一说并不能起到良好的效果。真正有大格局的人知道，在朋友危难的时候会对朋友伸出援手。除了给朋友良言，温暖朋友的心，点燃朋友心中的希望，让朋友充满力量之外，他们还会力所能及地为朋友做一些事情，让朋友真正感受到他们的关切之意，感受到来自他们的温暖和阳光。

说点儿自己的糗事，让他人心宽

人是感性动物，有同情弱者的本能。正是基于这一点，才有了一种非常奇怪的现象，那就是即使一个人非常伤心和绝望，一旦看到有人比自己更惨，他的内心马上就会发生微妙的变化，觉得自己是可以去同情和帮助他人的。无形之中，这个人的创伤就被另外一个人更严重的创伤给治愈了。

作为一个大格局者，要想成为温暖的人，想成功地安慰他人，给他人以抚慰和体贴，就要由此去寻找捷径，不妨把自己更惨的过往或者现在说出来给他听，也许他就能够从悲伤中抽身而出，反过来安慰你呢！不知不觉间，他遗忘了自己的悲伤，原本已经陷入绝望的心变得豁然开朗，充满了希望。

当然，在卖惨的同时，还可以现身说法，告诉对方"看看我吧，以前那么惨，简直没法活了，现在不也活得好好的嘛"。这样的事例会让对方更加相信：一切都会过去，美好终将到来。这种安慰的效果是很好的。当然，归根结底，给予对方怎样的安慰，或者是以怎样的方式帮助对方平复情绪，要根据对方的需求决定。有些人本身并不想得到更多的建议和指导，而只是想找一个倾听的对象，那么作为安慰者，我们只需要扮演好倾听者的角色，贡献出自己的耳朵和心灵，认真倾听就好。很多闺蜜关系亲密无间，好得就像一个人一样，当其中一方和男朋友吵架之后，就会在另一方面前痛斥男朋友。这种情况下，另一方只要倾听即可，除非闺蜜已经下定决心与男朋友分手，否则作为好闺蜜不要乱出主意，因为闺蜜和男朋友很有可能很快和好，那么热心的另一方就会成为企图拆散好姻缘的恶人。

有些人寻求安慰，恰恰相反，他们不满足于得到倾听，而是想要得到解决问题的切实办法。他们六神无主，彷徨无助，非常需要有一个立场坚定的人给他们出主意。在这种情况下，作为倾听者不要急于出主意，而是要弄清楚事情的原因，把握倾诉者的心理需求。如果倾诉者情绪激动，那么最好先想办法让倾诉者的情绪恢复平静，否则就无法从倾诉者那里得到有效的信息，无法做出正确的判断，更不可能提供合理的建议。

小夏谈了一个男朋友，叫钱峰。小夏皮肤黝黑，有些矮胖，钱峰却皮肤白皙，五官端正，是个帅气的小伙子。小夏对于男朋友非常喜欢，也很珍惜。然而，没过多久，钱峰就喜欢上了公司里一个新来的女同事若水。为了挽回这段感情，小夏提出要和钱峰同居。钱峰想到自己和小夏不会有结果，而且他的确非常喜欢若水，所以拒绝了小夏的请求。小夏痛不欲生，整个人就如同被霜打了一样，看起来蔫头耷脑，工作上也心不在焉，频繁出错。很多同事都劝说小夏要放下，不要因为一段感情就毁了工作，更不要毁了自己。小夏当然明白这些道理，但就是沉迷于这段错误的感情中无法自拔，变得自暴自弃。

周末，平日里和小夏关系还算不错的佳婷，主动请小夏吃饭。她们来到一家很干净也有特色的餐馆，佳婷点了几个好菜，还要了两瓶啤酒，和小夏推杯换盏地吃喝起来。酒过三巡，佳婷对小夏说："夏姐，天涯何处无芳草，何必单恋一枝花。你要是知道我的经历，就会觉得你的经历都不算事。我高中的时候谈了一个男朋友，他学习成绩没有我好。高考的时候，我本来可以报考一本，进入名牌大学，就为了和他在一所学校，我退而求其次，选择了二本。整个大学期间，我们相处都很好，他也很感激我的付出。然而，才毕业一年，他就和上司的外甥女好上了！我能说什么呢，我把人生都耽误了，也换不来白首不相离的爱情。我二话没说就和他分手了，但是我真的很难受，甚至想到了自杀。再想想父母，我又不能那么自私。整整一年，我对爱情彻底绝望，对工作也是当一天和尚撞一天钟，后来被公司开除。当生活无着的那一刻，我才知道原来失恋不是最可怕的，不能有尊严地活着才是最可怕的。从此之后我就振奋了，我要过得好，才对得起父母，对得起自己！"

小夏听佳婷说着，忍不住红了眼眶，说："为什么受伤的总是女人？"佳婷说："都是因为我们太弱了，把自己看得太轻。我们不应该依附于任何人，而是要为自己而活。前段时间我在电视上看到，有一个离婚带着孩子的单亲妈妈，站了很多期，都快绝望了，但是一直坚持着。后来，真的有人为她而来，专程为她而来，太感动了。我想，我终有一天也会遇到真命天子的。"小夏点点头，说："我也相信。"这一天，佳婷和小夏都有些喝多了，她们醉醺醺回到宿舍蒙头大睡，醒来之后，小夏就像变了一个人，又精神抖擞，对自己和未来充满希望。

面对失意的朋友，在合适的时机里，把自己更惨的过去告诉朋友，这样可以很有效地帮助朋友从悲惨的心境中摆脱出来。当然，在向朋友倾诉的时候，一定要非常真诚，把每句话都说到朋友的心里去，这样才能成功地打动朋友。

在这个世界上，很多事情的发生都是不以人的主观意志为转移的。面对必须接受的一切，除了接受，我们还能作何选择呢？与其被动地接受，不如主动地接受，这样才能更加从容。当身边有人不能接受这些不如意的时候，作为朋友的我们，切勿提起自己的得意和顺遂，否则会让朋友更难过。正确的做法是，在合适的场合里，把自己尘封已久的小秘密告诉朋友，用自己更不如意的经历治愈朋友此刻的创伤。

有些朋友之间非常默契，心灵相通，就没有必要喋喋不休地说个不停。到底以怎样的方式安慰他人，是要根据对方的脾气秉性、经历，以及我们与对方的交往程度来决定。有的时候，什么话也不说，就是沉默地拥抱对方，或者一语不发地和对方并排坐着，无声地陪伴对方，就是最好的安慰。当然，安慰他人的能力并非与生俱来的，我们要多多为他人着想，也尽量体谅他人的情绪和感受，这样才能真正打动他人的心，走入他人的内心。

遇到摩擦，好好说话是王道

在这个世界上，绝没有两片完全相同的树叶，也没有两个完全相同的人。每个人都是特立独行的生命个体，都是独一无二的存在，这也就注定人际相处是很难的。俗话说，唇齿相依，牙齿还会一不小心咬到舌头或者嘴唇，更何况是人与人相处呢？人际交往中，一定会有各种各样的矛盾发生，诸如争执、辩论等。

有很多夫妻都会发现，有的时候吵得昏天暗地，事情过后再想一想，却完全忘记了最初争吵的原因。无数事实告诉我们，很多争吵都是由小小的摩擦而引起的，都是因为不起眼的小事情引发的。不得不说，一些人的心态越来越浮躁，火气也越来越大了。一件不值一提的小事情，原本是微微一笑就可以过去的，但是在双方的互不相让之下，就会不断地发展和恶化，最终闹得不可收场。

人们常说，两败俱伤，意思就是说，一旦发生冲突，参与的各方都不可能全身而退，必然会受到伤害，也会蒙受损失。要想防患于未然，避免小摩擦导致严重的后果，作为当事人要有大格局，不要总是斤斤计较，在一言不合的情况下，要控制好自己的情绪，好好说话，而不要口无遮拦，肆无忌惮地说出那些伤人的话，否则只会使得情况变得更加恶劣。当然，这样的宽宏大量说起来容易，做起来很难。要时刻提醒自己心怀博大，有大格局，有大智慧，而不要为了不值一提的小事情大动干戈，劳民伤财，既把自己气得头昏脑胀，又伤害了与他人之间的良好关系，可谓得不偿失。

有大格局的人一定要把控好自己，不要因为任何原因而失去理性，被情绪驱动着做出无法自控的举动，导致无法挽回的结果。不管面对怎样的摩擦，都要本着和平解决问题的原则，主宰和驾驭自身的情绪，让自己做到好好说话，言语和善。

大格局者不管何时都会保持清醒和理智，都会主宰和驾驭语言，准确地表情达意，而不是把语言作为冲动之下丝毫不负责任的泄愤工具，也不会让语言成为矛盾升级的助推器。

得意时，切勿张狂

每个人都有得意的时候，也有失意的时候。真正的人生强者拥有大格局，他们既不会因为一时得意而张狂，也不会因为一时失意而沮丧落魄。他们很清楚，不管是得意还是失意，都是人生暂时的状态，只有内心的笃定和强大，才是永恒。

最近，若男从分公司调动到公司总部工作，职位晋升，薪水翻倍。但是，到了公司几个星期后，若男始终无法融入公司，同事们都对她敬而远之。若男很不服气，愤愤不平地对爸爸说："这些人真是莫名其妙。我从未得罪过他们，他们却总是对我虎视眈眈的。"爸爸了解情况后，对若男说："你是不是太得意了？虽然你是从分公司调上来的，但毕竟面对的都是新同事，还是要低调。"爸爸的话让若男恍然大悟，她正是自我感觉良好，经常在会上向同事们分享自己的成功经验。从此之后，若男每到开会的时候，都会说起自己初入职场的糗事，也会说起自己因为疏忽而导致的严重失误。

神奇的是，经历这些事情之后，同事们和若男的关系有了很大的好转，他们更亲近若男，也更愿意和若男相处了。若男忍不住对爸爸竖起大拇指："姜，还是老的辣！"

同事们一开始疏远若男，就是因为若男占尽了优势。后来，若男打破自己的完美人设，和同事们分享她的糗事，表现出谦虚的一面。她正是通过这样的方式拉近自己和同事们之间的距离，也成功地打开了同事们的心扉，得到了同事们的认可和接纳。

得意的事情在演讲的时候分享给听众，可以为自己增加筹码，也可以激励听众的信心；得意的事情对家人讲出来，可以让家人知道我们在工作上的表现，以我们为骄傲；得意的事情对下属说一说，可以激励下属循着我们的晋升轨迹去发展，让下属对未来充满信心……有很多场合都可以分享得意之事，但是唯独不要在失意者面前表现自己的得意，否则就像是在失意者的伤口上撒盐那么残忍。

得意不张狂，是人生的境界，也是做人的高尚品质，还是高情商、大格局的表现。与其总是说起自己的得意之事，不如常常说起他人的得意之事，这样才能给他人留下好印象，也能赢得他人的认可和欣赏。另外，还需要注意的是，如果非要说起自己的成功，那么当在场的人里有与你一起奋斗的小伙伴时，切勿忘记和小伙伴一起分享成功的荣誉。在光荣的时刻，我们不会因为有分享者而黯然失色，相反，我们会因为有分享者而更加富有魅力，富有力量。这是做人的智慧，也是大格局者的人际相处之道。

第四章

好言好语：把话说得有人情味

　　天冷了，人们就会添衣服，目的是为自己保暖，让自己的身体能够保持温度。大多数人都知道热了减少衣服散热，冷了增加衣服保暖，却很少有人知道语言也是需要温度的。有些人说出来的话冷冰冰的，丝毫没有人情味，而有些人说出来的话则带有温度，就像阳光一样投射在人的心中，温暖人的心扉。有大格局的人，一定会好言好语与人沟通，这样才能把话说得有人情味，才能让交流更顺利，也让交际更温暖。

没有人愿意接受你的命令

现实的交流中，有很多人都会在不知不觉间采取命令式的语言和他人沟通，使他人产生"被命令""被指正"的糟糕感觉，自然沟通也就无法顺畅有效地进行下去。没有人愿意被命令，尤其是当命令的人根本不是真正的权威、专家，也没有资格对人发号施令时，被命令的人非但不会顺从，反而会产生逆反心理，导致沟通中断或者变得不愉快。

要想与他人愉快地沟通，我们就要有大格局，要知道人与人之间是应该相互尊重和平等对话的，而不要总是居高临下地对待他人。只有内心平和，尊重他人，我们才能做到与人为善，才能改掉总是爱发号施令的坏习惯，从而与他人建立良好的沟通模式，让沟通更加高效。

有些朋友因为职业的关系，习惯了以命令式的语言和人沟通。例如，有些老干部大半生的时间里都在当领导，习惯了给下属分派任务，所以，回到家里也总是在不知不觉之中以命令的语气和家人沟通。有些老教师把一生的青春年华都奉献给了三尺讲台，每天都在面对学生，指导和教育学生，所以，哪怕离开学校的环境，也无法从心理上马上摆脱教师的角色，而是依然会以教师的口吻和他人沟通。对于受到职业习惯影响的人，在日常的沟通中，一定要有意识地改变心态，端正沟通的态度，避免使用指导性的话语与人交流。

当与陌生人相处的时候，使用指导性的话语会给陌生人留下自以为是的第一印象；当与熟悉的人相处的时候，使用指导性的话语则会让原本亲密的关系变得疏远，甚至还会影响彼此之间的感情。不管面对谁，要想建立顺畅的沟通，就一定要尊重和平等对待他人。

　　在英国，维多利亚女王因为习惯了高高在上掌管国家的政权，不知不觉间养成了发号施令的表达风格。有一次，她与丈夫之间发生了矛盾和争执，丈夫一气之下回到卧室里把门关上。维多利亚女王走到门口，敲门，丈夫问："谁呀？"维多利亚女王说："是我，维多利亚女王！"丈夫马上噤声，不再说话。

　　维多利亚女王看到丈夫迟迟没有开门，继续敲门，丈夫又问："谁呀？"维多利亚女王依然以威严的语气回答："维多利亚！"丈夫还是不愿意开门。维多利亚女王似乎意识到什么，这一次，她很轻地敲门，在听到丈夫的询问"谁呀"之后，柔声回答："亲爱的，我是你的妻子，请你打开门，好吗？"丈夫很快就打开了门，和维多利亚重归于好。

　　当维多利亚女王始终带着命令的语气要求丈夫打开卧室的门时，丈夫明显感觉到她还没有从女王的角色中摆脱出来，更没有找到自己作为妻子在家庭中应该扮演的角色。正是因为如此，丈夫两次拒绝了维多利亚女王要他开门的请求，直到维多利亚女王回答"我是你的妻子"，丈夫才心甘情愿地给她开门。

　　王室的婚姻里都要讲究夫妻平等，相互恩爱，在普通的家庭中更是如此。夫妻之间难免会有一些矛盾，尤其是做妻子的，经常在与丈夫沟通的过程中发生争执，进而抱怨丈夫不愿意为自己分担家庭的责任和重担。她们常常命令丈夫："快点，帮我把这个箱子抬起来！"可想而知，作为丈夫不想被妻子指挥和命令，因为这会伤害他们的尊严。很多男人都有大男子主义倾向，相比起被妻子命令，他们更愿意接受妻子的求助。如果妻子能够换一种说法，对丈夫说："亲爱的，你能帮我把这个箱子抬起来吗？我的力气没你大。"相信丈夫一定会很乐意帮助妻子，也很愿意借助这个机会表现自己作为男性的强大力量。

没有人愿意被别人命令，这一点毋庸置疑。在很多层级森严的机构里，上下级之间的确要采取传达命令的方式来针对工作问题进行沟通，然而，这只是从工作的角度而言。如果从人与人之间相处的角度来说，大家都是平等的，是应该相互尊重的。退一步而言，有些格局大、情商高的领导者，即使在和下属说话的时候，也不会发号施令，而是会以更加适当且巧妙的方式，激发下属工作的热情，让下属在工作中表现出更大的积极性和创造性。

不管是在职场上，还是在生活中，有大格局的人都不会借助于发号施令来表现自己的权威，证明自己至高无上的地位。他们很清楚真正的威严是不怒自威，所以，他们很愿意以谦和来表现出自己的博大胸怀，也以尊重他人的方式赢得他人的尊重，让沟通更加顺利和高效。

不要当众指责别人的错误

人人都容易觉得自己是对的，认为别人是错的，这是人趋利避害的本能在发挥作用。很少有人愿意承认自己错了，所以，世界上多了很多嘴硬的人。更没有人愿意当众被指责犯错。孔子说，己所不欲，勿施于人。意思是说对于自己不想做的事情，就不要强迫别人去做。那么，我们不妨扪心自问：我愿意被人当众指责错误吗？回答当然是不愿意。既然如此，我们就不要当众指责别人的错误。

每个人都是独特的生命个体，与其他生命个体也许相似，却绝不相同。面对生活中的很多事情，大家都会发表自己的意见和看法，当有分歧的时候，理所当然地就会认为自己是正确的，而认为别人是错误的。很少有人能够愉快地接受他人的观点，更多的人都喜欢坚定不移地维护自己的观点。我们难道能保证自己一定是正确的吗？当然不能保证。古人云，金无足赤，人无完人。没有任何人能保证自己从来不犯错误，也没有任何人能保证自己所做的一切决定和选择都是正确的。

对于正确率的期望，成功学大师卡耐基更为保守。他曾经说，假如一个人的正确率能达到百分之五十五，就可以去华尔街从事金融行业，只凭着正确判断就能发家致富。反之，如果一个人不能保证自己的正确率达到百分之五十五，那么，他有什么资格去指责别人的错误呢？即便真的这么去做了，也不会得到他人的认可。

很多时候，人们愿意接受权威者的点拨，而不愿意接受默默无闻者的指正。这是因为在大多数人心中，更愿意相信权威的人，而不愿意接受那些比自己弱小的人的建议和意见。否则，他们会认为这是对自己的一种侮辱和藐视。是非对错，往往在人的一念之间，人世间的很多事情并没有绝对对错的标准。从这个角度来看，事情是正确的，换一个角度来看，事情也许就是错误的。当然，在正确和错误之间，还有灰色地带，是模棱两可的。越是有大格局的人，越是不会单纯地从某个方面看待问题，而是会更加全面地思考和综合衡量，这样才能面面俱到，也才能在指责他人犯错之前，保持冷静理性的思考，更多地照顾到他人的尊严和面子。

有人觉得控制住自己不指出别人的错误很难，其实，这并没有我们想象中那么难，还是很容易做到的。首先，在指责他人之前，先问问自己是否能做到尽善尽美，把问题圆满解决和处理好。其次，你愿意被人当面指责丢面子吗？如果不愿意，那么请记得己所不欲，勿施于人。最后，牢记批评的目的是什么。很多人在面对他人的错误时，都会忘记批评的目的。他们因为愤怒变得非常冲动，总是不经过思考就对他人说出很多狠话，让他人难堪。实际上，如果错误和我们不相干，我们就没有必要这么生气。通常情况下，都是因为错误和我们息息相关，甚至伤害到我们，损害了我们的利益，所以，我们才会变得歇斯底里。那么，我们批评别人的目的绝不是为了一时泄愤，而是为了让他人改正错误。当着他人的面指出他人的错误，伤害他人的颜面，一旦激起他人的叛逆心理，他人只会在错误的道路上越走越远，而不会主动地改正错误。明智的批评者会更加着重考虑批评的效果，而不会一味地关注批评本身。不管是黑猫还是白猫，只要能抓住老鼠就是好猫。同样的道理，不管采取怎样的批评方法，只要能够让犯错的人主动反思，心甘情愿改正错误，就是卓有成效的批评方式。

当众指出他人的错误，往往会起到事与愿违的效果，这是非常不明智也很不理性的。从心理学的角度而言，当我们当众对他人宣布"你错了"的时候，就意味着我们与他人处于对立面。我们指出他人的错误后，会把自认为正确的做法呈现出来，用我们的正确来证明他人的错误，这不正是给自己树敌的行为吗？有大格局者擅长下很大的一盘棋，既不会把自己的快乐建立在他人的痛苦之上，也不会把自己的成功建立在他人的失败之上。真正想要表现自己的人，会不露痕迹，在不知不觉中证明自己的实力，而不会大张旗鼓，把他人置于尴尬和难堪的境地。

人前不训妻，人前也不教子

人的自尊心是很强的，每个人都竭尽所能地维护自己的尊严，而不愿意被他人藐视。然而，真正的尊严是靠自己努力才能得到维护的。每个新生命在呱呱坠地的时候并没有明显的区别，随着不断地成长，接受环境的影响，被父母言传身教，拥有了不同的教育经历，所以，生命个体之间的差异越来越大。但是无论如何，自尊心都是每个人生存的底线，要想有尊严地活着，就要维护自尊，让自己拥有更多的资本。

法国大名鼎鼎的文学家伏尔泰曾经把自尊心比喻成一个极度膨胀的气球，只要用小小的针尖戳上一下，马上就会爆炸，只剩下干瘪的皮。原来，自尊心是这样一个虚张声势的家伙，外强中干，看起来很强大，但是实际上却很脆弱，经不起轻轻一戳。要想建立良好的人际关系，拥有丰富的人脉资源，维护好他人的颜面十分重要。

大格局者不会轻易伤害他人的颜面，而是会尽力维护他人的颜面。给他人面子，并不需要我们刻意去做什么，只要谨言慎行，言语宽和，不当众揭他人的短处，也不让他人下不来台。反之，格局小的人思考问题非常片面狭隘，常常会与他人针锋相对，也很擅长抓住别人的小辫子不撒手，虽然争辩的结果是赢了，可是却失去了朋友，可谓得不偿失。

在中国封建社会，崇尚以夫为纲，以父为纲。作为妻子，要处处遵从丈夫的意见，作为儿子，要处处听从父亲的训诫。很多作为一家之主的男性动辄当众训斥妻子，训诫孩子，导致大家都下不来台。后来，有人提出

"当众教子，背后教妻"。时代发展至今，先进的教育观念告诉我们，要更加重视孩子的心理健康。所以，当众训斥孩子也是要不得的。不管是成人还是孩子，都有自尊心。孩子虽然小，自尊心却很强，他们的心理承受能力相对成人要差。与其当众训斥家人，不如适当控制自己的情绪，等到没人的时候，再私下进行沟通，效果会更好。

当众批评他人，只能表现出我们的不冷静，而对于增强批评的效果没有任何好处，还容易产生相反的效果。私下批评他人可以表现出我们对他人的尊重，有效地维护他人的颜面，这样一来，批评的效果当然更好。如果批评者是被批评者的上司或者师长，可以当众进行批评吗？越是如此，越是应该维护下属或者晚辈的颜面，相信下属和晚辈会感受到批评者的用心良苦，也会积极主动地调整好心态，进行自我反思和自我提升。

来来已经是十二岁的少年了，身高一米七五，看起来比妈妈还高出半头，快要赶上爸爸了。虽然来来长得人高马大的，但是他的心灵还相对稚嫩，不像外表看起来那么强壮和成熟。有一天，来来在学校里和同学发生了矛盾，还打了起来。老师赶紧打电话通知爸爸去学校。到了学校，爸爸首先给老师道歉："老师，实在对不住，孩子不听话，给您添麻烦了。"接下来，老师把情况从头到尾讲给爸爸听，爸爸大概知道了事情的经过，也意识到来来的错误。他狠狠地瞪了来来一眼，马上对老师说："老师，您放心，我回家就好好教训他，下次绝不会再发生这样的情况。"看得出来，来来如释重负。

回到家里，爸爸并没有严厉训斥来来，而是耐心地和来来讲道理，让来来认识到自己的错误。来来突然对爸爸说："爸爸，我还以为你今天会当着老师的面揍我呢！"爸爸说："为什么这么想？"来来说："你是火爆脾气啊，在家里就会揍我。"爸爸忍不住笑起来，说："在家里揍你是因为在家里，你都长得这么高大了，当着外人的面，不能丢你的面子。不过，我给了你面子，你也必须反思和改正错误。最近我正在努力改掉揍你的坏习惯，今天这是先礼后兵，如果你不能好好配合，我就只能采取非常手段啦！"来来点点头，说："爸爸，我知道错了，明天我就和老师道歉，也和同学道歉。"

如果爸爸在学校没有控制住情绪，当着老师的面揍了来来，那么回到家里，对于来来开展教育工作一定不会这么顺利。正是因为爸爸给来来留了面子，没有当着外人的面批评和打骂来来，所以，来来才愿意听从爸爸的教诲，积极地改正错误，也让这一次私底下的批评和教导起到了最好的效果。

每个人都有自尊心，孩子也不例外。作为家长，既不要当众指责孩子的不是，也不要当众打骂孩子。否则，一旦把自己、孩子置于对立面，接下来的沟通就会很难进行，也无法保证效果。

所谓错误，是有所区别的。大多数的错误都是无心之过，可以指正，就不要批评。有些错误是故意为之，涉及犯错者的态度问题，因而要做好犯错者的思想工作，让犯错者发自内心地认识到自己的错误，能够积极主动地去改正错误。唯有如此，批评才能起到预期的效果，也才能促使人进步。

可以理解的是，在愤怒来袭的时候，尤其是怒火中烧的时候，我们很难控制好自己的情绪。然而，正是在这样的紧要关头，才能够表现出一个人的素质、涵养，以及自我管理和控制情绪的能力。要想成为语言的驾驭者，炉火纯青地运用语言，绝不是只说几句甜言蜜语，而是要深谙人际交往之道，也要有强大的力量控制自己。越是在人多的公开场合，越是要谨言慎行，能够私底下解决的问题就尽量私底下解决，这不但能维护他人的颜面，还能彰显我们的气度。此外，还需要注意的是，即使是在私底下批评他人，也不要因为一时冲动而说出那些非常尖酸刻薄甚至是带有侮辱性的话语。还记得南风和北风的故事吗？呼啸的北风只能让行人紧紧包裹棉服，而温暖的南风却能让行人主动脱掉棉服，这就是温暖的力量。

语言也需要润滑剂

小时候，你看到过爸爸刮胡子吗？那个时候，还没有现在这么先进的刮胡刀，每个爸爸都使用最原始的刮胡刀刮胡子。原始的刮胡刀非常简陋，就是固定器夹着一个刀片，一不小心，爸爸的脸就会被刀片刮伤，渗出血来。为了保证安全，让刮胡子的过程变得更舒适一些，爸爸们在刮胡子之前总是会先涂抹肥皂水。在肥皂水的作用下，刀片变得更润滑，疼痛的感觉也会大大减轻。肥皂水真是神奇啊！

刮胡子需要使用润滑剂，那么在批评他人的时候，是否也需要使用润滑剂呢？很多人误以为声色俱厉的批评效果更好，其实不然。当批评过于严厉，被批评者非但不会承认和反思错误，反而会被激发起逆反心理，觉得批评者在小题大做，对自己的行为反应过激，为此，他们不仅不改正错误，还会变本加厉。

很多时候，批评都不能达到预期的目的，就是因为批评者在冲动情绪的驱使下忘记了批评的初衷。批评不是为了使批评者泄愤，而是为了被批评者能够认识和改正错误。批评要想生效，最根本的就在于让被批评者接受。遗憾的是，现实生活中，大多数批评者在进行批评的时候，总是气鼓鼓的，带着歇斯底里的情绪，使批评者很难接受批评。

前文说过，人人都有自尊心，而且大多数人的自尊很强，禁不起打击和伤害。一个人在犯错的情况下，或许会因为意识到错误而低头认错，也或许为了维护自尊而拒绝承认错误。格局大的人即使在批评他人的时候，也不会只顾着发泄自己的愤怒情绪，而是会考虑被批评者的心理需求，意识到被批评者会产生的情绪感受，从而调整批评的方式，让批评效果更好。

　　一天下午，很快就要下班了，卡耐基拎着公文包匆匆忙忙地走进办公室。秘书莫莉正在看报纸，卡耐基从公文包里拿出文件递给莫莉，说："帮我准备下明天的演讲稿。"说完，卡耐基离开办公室。莫莉很着急，因为她下班之后有个约会。她当即放下报纸开始整理演讲稿，火速赶在下班之前把演讲稿准备好。她急急忙忙地把演讲稿放在卡耐基的办公桌上，就去约会了。

　　次日，卡耐基到达会场，拿着演讲稿开始读起来："关于提升奶牛产奶量的问题……"卡耐基才读了一句话，台下的听众们就哄然大笑。卡耐基意识到演讲稿有错误，当即放下演讲稿，开始即兴演讲。虽然一开始有小插曲，不过卡耐基即兴演讲的能力很强，很快就以声情并茂的演讲吸引了听众们，也让听众们忘记了开场时那段小插曲。

　　演讲结束，卡耐基回到办公室。莫莉看到卡耐基，赶紧问："先生，今天的演讲一定很成功吧！"卡耐基说："成功与否并不重要，重要的是我才说出第一句话，全场就哄然大笑。"说着，卡耐基把演讲稿递给莫莉看，莫莉看到演讲稿，羞愧地低下头："先生，对不起，我一着急把演讲稿弄错了，我保证以后再也不会犯这样的错误。"卡耐基说："没关系，下不为例就行。今天还得感谢你，如果不是演讲稿出错，我从来不知道自己即兴演讲的能力这么强大。"莫莉尴尬地笑了，满脸通红。从此之后，莫莉对待工作特别认真，再也没有出现同样的错误。

对于莫莉把演讲稿弄错，让自己当众出丑的事情，换作别人，回到办公室的第一时间就会对莫莉劈头盖脸地批评。卡耐基不愧为成功学大师，他深谙心理学、管理学，所以，在当众出糗的情况下，非但没有斥责莫莉，反而还和莫莉开玩笑。不得不说，卡耐基的批评非常高明，他尽管没有对莫莉声色俱厉，但是却取得了最好的批评效果，莫莉再也没有犯过同样的错误就是证明。

面对不如意的各种事情，我们如果总是抱怨和指责，并不能解决问题。卡耐基深谙此道，所以才会宽容对待粗心大意的莫莉，也让莫莉主动反思错误，变得更加认真细致，这对于卡耐基后续工作的开展是很有好处的。记住，批评不是发泄负面情绪，也不是追究谁的责任，而是要有效地解决问题。人非圣贤，孰能无过。在现实生活中，每个人都有可能犯各种各样的错误。作为批评者，我们本身也是不够完美的，既然如此，就不要总是对他人提出苛刻的要求，而是要以恕己之心恕人，这样才能达到批评的目的。

察言观色，才能把话说得恰到好处

孔子是中国古代伟大的教育家，提出了因材施教的教育理论。其实，不仅教育要因人而异，在和他人沟通的时候，我们同样要根据不同的说话对象，察言观色，把话说得恰当。没有人愿意被批评，也没有人愿意被伤害颜面，我们在批评不同的人时，一定要选择好方式，才能让批评有效果。例如，对于性格活泼外向的人，批评可以开门见山，而无须过多地进行铺垫。对于性格内向敏感的人，批评就要讲究方式方法，语气和态度不要生硬和粗鲁。对于个性强的人，适度的引导非常重要，所谓响鼓不用重锤，他们非常聪明，充满智慧，批评只需要点到为止。对于那些有拖延症、做事情拖泥带水的人，则要反复地叮咛和督促。每个人都有不同的脾气秉性，一定要因人而异，让批评见效。

除了要根据被批评者的脾气秉性、为人处世的习惯决定采取何种方式之外，还要在批评的过程中，始终保持对被批评者的细致观察，这样才能及时捕捉到被批评者的微妙变化，随时调整批评的策略和方式。否则，一味地批评，而不去验证批评的效果，很有可能导致批评无效，起到相反的作用。

每天早晨六点半，爸爸准时开车出门，送乐乐去学校，然后和妈妈一起去单位上班。从家到学校，路上要花费半个小时的时间，一开始，爸爸妈妈担心这半个小时浪费了，后来发现正好可以借此机会和乐乐沟通，倒是很好的亲子交流时间。也因为是在车上，没有爷爷奶奶在身边干扰，所以对乐乐的教育引导效果会更好。

一天晚上，乐乐写作业到非常晚，妈妈觉得乐乐的专注力不够，所以才发生拖延。不过，妈妈没有当晚批评乐乐，而是在次日清晨上车之后，问乐乐："乐乐，昨天的作业为何完成得晚呢？"乐乐回答："因为作业多。你不要觉得我以前很快完成作业，就是作业少，那是因为我在学校里完成了一部分。"听到乐乐这么说，妈妈又问："那你昨天在学校没有完成作业吗？"乐乐回答："是的，昨天没有副课。"妈妈正想借机教育乐乐，因而语重心长地说："乐乐，未来作业会越来越多，一定要养成认真快速完成作业的习惯。否则，晚上睡得晚，早晨也起不来，上学迟到，不是很尴尬吗？对不对？"乐乐眼皮耷拉着点点头，嘴巴里不停地"嗯嗯嗯"着。妈妈看到乐乐的样子，说："既然你不想说话，那就不说吧！你可以闭上眼睛休息一会儿。"后半程，妈妈一直没有说话，乐乐也沉默不语。

在这个事例中，乐乐对于妈妈的说教有些抗拒，所以采取敷衍了事的态度"嗯嗯嗯"。看到乐乐不像平日里那么健谈，妈妈赶紧停止说教，让困倦的乐乐可以安静一些。妈妈是非常机智的，她知道何时应该说教，何时应该停止，能准确地判断出乐乐的状态。

有些父母把孩子当成了倾听的机器，在批评和教育孩子的时候，总是自顾自地说着，而丝毫不顾及孩子的情绪和感受，也不追求沟通的效果。他们教育孩子更像是完成任务，觉得自己唯一需要做的就是把心里想说的话都说出来。其实，父母说得再多，如果孩子不能接纳和吸收，效果也是很差的。反之，父母哪怕说得少，但是却能吸引孩子的关注，让孩子把父母的每一句话都牢牢记在心里，那么，批评和教育的效果就会非常显著。

　　不仅父母和孩子沟通要察言观色，不同的人之间沟通，作为说话者，也要认真观察倾听者的神态、表情等，这样才能洞察倾听者的内心，成功地把话说到倾听者的心里去。人心是这个世界上最复杂和多变的东西，人与人相处是非常微妙的。尤其是语言，如果不经过思考就破口而出，往往会印证"祸从口出，言多必失"。把话说好，从来不是一件简单容易的事情。在人际沟通中，要想把话说好，我们就要有大格局，始终坚持认真细致地观察，发挥语言的神奇魔力，从而增强沟通的力量。

逐客令还可以这样下

亲戚朋友之间常来常往，是加深感情的好方式，但是如果正赶着出门，来访的客人却不主动提出告辞，就会让人觉得很尴尬。如何下达逐客令呢？很多人一则不知道如何措辞，二则不知道怎样才能保护他人的颜面，避免伤害他人的感情。原本朋友之间促膝长谈、把酒言欢是乐事，一旦变成了一种负担就会让人不堪其扰，也会影响朋友之间的相处。学会下逐客令是很有必要的，尤其是在现代社会，大多数人的生活节奏都加快了，和亲戚朋友挑灯夜谈的时间越来越少。作为拜访者，我们要学会适时告辞，不要等着主人下达逐客令；作为主人，面对坐在家里不提告辞的客人，则必须学会下逐客令，才能以合适的方式结束这场不那么受欢迎的会谈。

古今中外，很多名人都有谢客不见的习惯。例如，鲁迅先生向来珍惜时间，勤奋写作，不愿意浪费宝贵的时间，因而常常让不约而至的客人吃闭门羹。正是因为从来不愿意把时间花费在闲谈上，鲁迅先生才能笔耕不辍，著作等身。现代社会，人们更加注重私密空间，面对朋友不期而至的情况，感觉总是不妙的。与其舍命陪君子，浪费难得的清闲，不如巧妙委婉地下达逐客令，让客人识趣地告辞。

最近，作为图书编辑的张伟正在赶稿，每天从早晨就开始伏案疾书，直到深夜才能结束一天繁忙的工作。时间紧迫，一分一秒都值得珍惜。在经过一个下午的专注工作之后，吃完晚饭，张伟难得清闲地坐在沙发上吃水果，突然响起了敲门声。张伟打开门，发现是弟弟和弟媳妇带着孩子来了。弟弟说："姐，我明天要搬家，可以把孩子在你家放一天吗？"给弟弟带一天孩子，张伟就要耽误一天的工作，交稿的日子越来越近了，这让张伟很为难。她沉思片刻答应了弟弟的要求，但表示："我最近在赶稿子，还有一个星期就要交稿了，时间很紧张。耽误一天的工作，就要用五六个夜晚才能补回来。"弟弟赶紧表示感谢，问："后天能把孩子多放在你这里一天吗？"弟媳妇很机灵，赶紧说："你没听见姐姐说要赶稿子吗？明天帮咱们看一天孩子，未来一个星期都要加夜班到深夜，后天咱们还是自己带吧，一边带着孩子一边慢慢收拾，不着急的。"

张伟对弟媳妇投以欣赏的目光，说："正好赶在这个节骨眼上了，到了交稿的日期。要是在月初，就算让我看三天也能调整过来的。"弟媳妇说："姐，你帮忙看一天我们就很感激了，否则，带着孩子搬家难度太大。"就这样，张伟成功地把弟弟的请求拒绝了。

如果不是张伟把丑话说在前面，弟弟很有可能希望张伟帮忙看几天孩子。对于张伟而言，一天不工作，就会导致交稿日期延后。作为姐姐，直截了当地拒绝弟弟的请求当然不合适，张伟答应帮弟弟一天忙，与此同时说明了自己的情况，聪明的弟媳妇自然理解了张伟的意思。

这样委婉的逐客令，是以帮忙为前提，并且说明自己的为难情况，所以虽然表达了拒绝的意思，但是并不会让对方觉得难堪和生气。毕竟，已经得到了他人力所能及的帮助，还有什么理由抱怨和不满呢？以这种方式下达的逐客令适用在关系亲近的人之间，是适度帮助，适度拒绝，合情合理，让人说不出"不"字来。

除了以这样委婉的方式拒绝他人之外，如果觉得不好意思把逐客令说出来，那么还可以以写字的方式进行公开告示。曾经有一位科学家每天都在废寝忘食地做实验，研究项目，根本没有时间接待来闲聊的客人，他又不善言辞，不知道如何下达逐客令，所以，索性写了一张非常显眼的字条张贴在墙上：闲谈不得超过五分钟。科学家把这张字条张贴在进门处，每一位来访的客人都可以看到。他们在和主人说完重要的事情后，马上就会自觉告辞，从此科学家免除了下达逐客令之苦。公告是针对每一位来访客人的，客人们都很清楚这一点，也并不会因为自己被逐客而感到难堪。

有些人觉得，要想逐客，就要对客人故意冷淡和疏远。的确，冷落客人会让客人感到尴尬，尽快告辞，但是却会影响友谊。有一种逐客的方法与此不同，那就是对客人过分热情。当客人觉得自己每次到来都会给主人增加很多麻烦，他们自然就会有所收敛，而不会总是登门拜访。这样的逐客方式非常巧妙，还会给客人留下良好的印象呢！

生命是非常宝贵的，我们要把有限的生命用在更有意义的事情上。对于有伟大理想和抱负的人而言，自然要把时间用于拼搏进取，对于想要岁月静好的人而言，自然想把时间用来做自己想做的事情。不管出于哪种目的，没有人愿意把时间白白浪费掉。当然，逐客的目的不是与朋友决裂，而是以恰当的方式让朋友识趣告辞。作为主人，一定要有大格局，不要为了逐客就不择手段，而是要多方面考虑清楚，这样才能在逐客的同时，继续与朋友保持良好的关系和亲密的友谊。

第五章

积极友善：善用语言的力量

语言具有强大的力量，既有正面的积极力量，也有反面的消极力量。大格局者善用语言的积极力量，影响和作用于他人，建立良好的人际关系，让自己更加友善和充满正能量。当正能量气场形成，就会聚集更多积极友善的人，也吸纳更多努力向上的力量，有助于大家共同成长和进步。

正面引导他人，避免消极情绪

如果你足够细心，一定会在自己的身边发现这样的朋友，他们不管别人说起什么事情，总是毫不犹豫地泼冷水，说得别人心里"哇凉哇凉"的，甚至，原本如同烈火一样熊熊燃烧的热情，也瞬间被浇灭。这样的朋友满身都是负能量，说他们是"损友"丝毫不为过。"损友"为何这么说话呢？也许是因为嫉妒，也许是因为心态不好，也许就是因为格局太小，所以，见不得别人好，故意这么说。也许一次两次这么说，还可以勉强与人做朋友，但是随着次数的增多，被人识破了真心，渐渐地朋友就会越来越少，自己也陷入孤独寂寞之中。

有大格局者不会因为任何原因而随随便便给他人泼冷水，因为他们很清楚语言具有强大的力量。和"损友"总是盯着事情不完美的一面不同，大格局者更多地看到事情积极友善的一面，也会传达给身边的人以正能量。和大格局者相处，我们会得到认可与尊重，渐渐地也会充满积极的力量，慷慨地正面引导他人，避免消极情绪蔓延。显而易见，这样更容易形成良性循环。

小敏买了一双鞋子，这双鞋子非常贵，一千多元呢。小敏此前从未买过这么贵的鞋子，是名牌，穿着的确舒服。看中这双鞋子之后，小敏迟疑了很长时间，足足一个星期，她才下定决心去把鞋子买下来。

周一，小敏喜滋滋地穿着鞋子去上班，办公室里的李大姐眼睛很尖，当即对小敏说："小敏，新买的鞋子吗？可真漂亮！"小敏点点头，说："李大姐，好看吧！这个鞋子可贵了，我用了一个星期才下定决心去买下来！"李大姐说："女人就该对自己好一点，你现在还没结婚呢，挣钱干吗？不就是打扮自己么，只要好看、舒服就值！"这个时候，张大姐也走进办公室，随口问道："这么一双鞋子，得三四百吧！"小敏有些尴尬，小声嘀咕道："三四百我就不用想一个星期了，有三个四百呢！"张大姐马上瞪大眼睛说："金子做的鞋子吗？怎么就值一千多了！我看也就是普通的皮鞋，你该不会让人给骗了吧！"

听了张大姐的话，办公室里的几个女同事都涌过来看小敏的鞋子。有一个年轻的女同事说："这是名牌啊，不贵不贵！这个鞋子穿着可舒服了，我有一双单鞋一双棉鞋，都是这个牌子的！"小敏点点头，说："你可真识货，这个牌子就是贵！我好不容易才下定决心购买！"张大姐啧啧地说："你们年轻人就是不会过日子，买一双鞋就要这么多钱，看看将来你们结婚成家有孩子了，日子该怎么过！我看这个鞋子，也就和三四百的皮鞋差不多！"小敏被张大姐打击，原本欢欣的心情落寞下来，一个上午都闷闷不乐的。后来，小敏很少和张大姐说话，与张大姐的关系越来越疏远了。

大格局者在猜测东西的价格时，会有意地把东西说得更贵一些。这是因为人人都希望自己买的东西物超所值。大格局者正是把握了人们的这种心理，因而才能把话说到人们心里去。事例中的小敏已经购买了这双价格不菲的鞋子，在这种情况下，就算鞋子真的不好，也没有办法取消交易。与其给小敏泼冷水，给小敏添堵，还不如大力称赞小敏的鞋子，做个顺水人情呢！

　　当然，对于真心相处的朋友之间，如果一个人春风得意马蹄疾，渐渐地有些忘形，那么，我们可以给朋友适当地"降温"，让他们保持清醒和理性。这是朋友之间的关心与帮助，是很有必要的。至于生活中的琐碎小事，与朋友之间的真诚提醒截然不同，我们一定要有大格局，要慷慨地给予他人认可和赞美，这样才能把话说好，让他人心花怒放。大格局者从来不当"损友"，更不会自以为是地说话让朋友扫兴！

给他人台阶，让他们保全颜面

前文说过，保全他人的颜面很重要，这会让我们结交好人缘，也会让我们建立良好的人脉关系。这是因为人人都有自尊心，如果我们在人际沟通中总是置他人的面子于不顾，渐渐地，我们就会失去朋友，变成"孤家寡人"。

让他人保全颜面，除了要在做人做事方面避免咄咄逼人，做到言语宽和之外，还要学会在沟通中给他人台阶下。越是在人多的场合，发生尴尬和冷场越是让人难堪。如果我们能够主动给他人台阶下，积极地打破冷场，一定会得到他人的感激和感恩。这是因为在公众场合，人人都很在乎自己的形象，也想要给他人留下好印象，因而自尊心会更加强烈。有大格局者不会为了证明自己的聪明机智就刻意卖弄，而是会意识到每个人都有自己的原则和底线，他们不会轻易去触碰他人的原则和底线，因为一旦引起他人反击，就会导致事情的发展无法控制。

俗话说，与人为善，与己为善。这充分告诉我们，给他人台阶下，保全他人的颜面，我们自己会更有面子。否则，把别人逼入死角，只会让他们破釜沉舟地进行绝地反击，最终落得两败俱伤的后果。

大格局者在说话的时候，不但关注自己的情绪和感受，也会非常关注他人对于沟通的态度和反馈。他们会避免言辞犀利，不会把别人逼入死角。每当看到别人陷入尴尬之时，他们还会主动伸出援手，说些有趣的话缓解他人的尴尬。这样一来，大格局者当然会受到欢迎，也会拥有好人缘。

　　有很多方式都可以转移话题，缓解尴尬，具体采取哪种方式并没有一定之规。我们要根据交谈对象的特点，根据当时正在谈论的话题，灵活地采取适宜的方法，这样才能起到更好的沟通效果。

不要吝啬赞美他人

人人都想得到认可与赞美，而不愿意被否定和批评，这是人的本性，也是人之常情。在人际交往中，有大格局者往往胸怀博大，不会因为羡慕嫉妒他人，就对他人充满恨意，相反，他们会毫不吝啬地赞美他人。这样的大方让他们能够收获好人缘，也可以在交谈中成功地打动他人的心。不得不说，这是大格局者的品质表现，也是大格局者擅长人际沟通的表现。

当然，赞美也是需要技巧的。赞美只有生动具体、恰到好处，才能起到好的效果，否则空洞干瘪、不合时宜的赞美，只会让人尴尬。大格局者能够站在他人的角度出发，想到他人最想得到怎样的赞美，也能够考察现实的情况，把握赞美的最佳时机。这样考虑周到再进行赞美，会让赞美发挥更强大的力量，也让赞美真正成为沟通的润滑剂。

对于无数成功者而言，他们都曾经在获得成功之前，有过一段默默付出的时间。成功者就像璀璨的新星冉冉升起，吸引了很多人的眼球，而失败者付出的未必比成功者少，却因为机会、运气等诸多因素，导致被失败纠缠，也始终默默无闻。大格局者在赞美成功者的时候，不会一味地夸赞成功者如今的耀眼光环和伟大成就，而是会认识到成功者在成功之前付出的加倍辛苦和努力。当大家都在啧啧赞叹成功者此刻获得的成就时，如果大格局者能够贴心地提起成功者的"当年勇"，相信一定会让成功者有无限的感慨，觉得找到了真正的知己。

鲜花绽放，我们只看到娇嫩欲滴的美丽，却忘记了孕育花朵的漫长且艰难的过程。人们常常觉得失败者会委屈，因为付出了没有回报，却忽略了成功者同样会感到委屈，尤其是在得到梦寐以求的荣誉和光环时，成功者的心中可谓百感交集。不管赞美的对象获得了伟大的成功，还是小小的成功，我们都要记得他们为了成功而付出的艰苦卓绝的努力，要赞美他们的顽强不屈、坚韧不拔，要赞美他们即使面对困难和失败也绝不放弃的努力。这样的赞美与众不同，能够在第一时间打动成功者的心，让他们对我们留下深刻的印象。也许，他们会因此与我们更加亲近，惊喜地发现我们的心与他们的心是相通的。

赞美还要因人而异，对于不同的交谈对象，我们赞美的内容和方式也应该有所不同。面对孩子，我们要赞美孩子活泼可爱，聪明机智；面对老人，我们要赞美老人在过往的岁月中经历了多少坎坷和磨难，如今依然这样精神矍铄，晚年安康；面对年轻人，我们要赞美他们年轻有为，事业有成，认可他们拼搏的过去，也羡慕他们拥有充满无限希望的未来……不同年龄、身份和地位的人，需要不同的赞美。

对于那些人生得意的人来说，赞美就像是锦上添花，会让他们心花怒放。然而，赞美除了要锦上添花，更要雪中送炭。人在得意的时候，总是轻而易举就能得到很多的认可和赞赏，为此，对于他人的锦上添花不会特别放在心上。人在失意的时候，内心落魄彷徨，甚至对自己产生怀疑，感到非常无助。此刻，如果能够得到真诚友善的赞美，一定会非常感激，也会深刻铭记。作为大格局者，既要在他人得意的时候锦上添花，也要在他人失意的时候雪中送炭，这样才能真正打动他人的心。

赞美从来不是信口开河地说那些好听的话，而是在尊重事实的基础上，真正发现他人的优点和长处，从而把赞美的话说到点子上，说得恰如其分，这样才能让赞美收到好的效果，发挥最大的作用。有些人在赞美他人的时候，带着敷衍了事的态度，不够真诚，说出来的话空虚乏味，这样非但不能起到赞美的作用，反而会给他人留下恶劣的印象，是惹人生厌的，可谓得不偿失。总而言之，赞美既不要吝啬，也不要泛滥；既不要空虚，也不要乏味。唯有真诚友善、切合实际的赞美，才能打开对方的心扉，与他建立积极友善的关系。

适时妥协，让沟通更愉快

现实生活中，更多的是琐碎的小事情，并没有那么多原则性问题需要坚持，偏偏有很多人很爱较真，不管对于什么事情，都希望证明自己的观点是对的、别人的观点是错的。这样不知妥协的沟通习惯，往往会让沟通陷入被动的争执状态，失去沟通的意义。

大格局者不会一味地与人争执，他们知道很多事情并非非对即错、非黑即白的。他们有一颗宽容忍耐的心，胸怀博大，乐于包容，而不那么偏执。正是这样的态度，让大格局者与他人的沟通更顺利，也更愉快。日常生活中，每个人都需要与他人沟通，有的人有包容的态度，懂得适当妥协，沟通会愉快。有的人缺乏包容的态度，总是固执己见，坚持自己的态度和观点，沟通就会磕磕绊绊，很难达成一致。其实，日常的沟通还算灵活，如果是在职场上与上司进行沟通，那么，不懂得妥协往往会带来更多的麻烦和障碍。

人在职场，与上司处理好关系是非常重要的。只有得到领导的认可和赏识，我们的工作才能更顺利地展开，也只有与领导处理好关系，我们的很多意见、观点才能被领导接受。每一个下属都希望能够遇到通情达理的好领导，这样的领导是可遇而不可求的。作为下属，更主动的做法是有大格局，学会与领导沟通和交流，也要适时妥协，这样才能和领导更好地相处，也才能与领导在工作方面更加合拍。

那么，如何对领导适时妥协呢？一味妥协的下属因为没有原则和主见，并不能给领导留下好印象，反而会因为唯唯诺诺而失去领导的重用。所谓适时妥协，指的是根据对领导的了解，以正在讨论的工作实际情况为基础，对领导察言观色，从而适时适当地妥协，这样既可以表现出自己对领导的尊重和认可，也可以在针对工作展开讨论的过程中展现自己的能力和实力，从而面面俱到，兼顾其他。

在第二次世界大战期间，斯大林手下有两个得力助手，一个是总参谋长华西列夫斯基，一个是军事天才朱可夫。他们是斯大林的左膀右臂，常常为斯大林提供正确的建议。不过，他们的性格截然不同，朱可夫生性耿直，在对斯大林提出建议的时候总是不讲究方式方法，有一次因为惹怒了斯大林，而被斯大林赶出军营。相比起朱可夫，华西列夫斯基说话更加委婉，往往能够对斯大林适时妥协，正是因为如此，他反而为斯大林提出了更多正确的建议，在辅佐斯大林作战计划方面作出了极大贡献。

华西列夫斯基很少郑重其事地对斯大林"进谏"，而是热衷于和斯大林"闲谈"。在闲谈之中，他装作漫不经心的样子和斯大林探讨军事问题，如果有分歧，他就会适时向斯大林妥协。当看到斯大林很愿意采纳他的意见，他就会说得更加深入。这样一来，每当和华西列夫斯基"闲谈"之后，斯大林总是会受到启发，即使他当时没有接受华西列夫斯基的建议，事后也会对华西列夫斯基的建议认真琢磨，改良自己的作战计划。

华西列夫斯基非常聪明，有大格局。他并不会盲目地在斯大林面前表现出自己的聪明才智，而常常会故意当着斯大林的面犯一些错误，这样就给了斯大林帮助他纠正错误的机会。华西列夫斯基把自己的很多好想法和斯大林讨论，在无形之中影响斯大林，帮助斯大林作出正确的决策。当时，很多完整的作战计划都是这样逐步形成的，这直接影响了苏联红军在战场上的表现。

显而易见，华西列夫斯基比朱可夫要高明得多。朱可夫总是直截了当地和斯大林沟通，结果非但没有能够发挥自己在军事上的聪明才智帮助斯大林，反而还被斯大林一气之下赶出了大本营，导致英雄无用武之地。

人在职场，很多下属在和上司相处的时候，总是自以为能力很强，迫不及待地希望上司能够接受他们的建议，做出正确的决策。其实，职场上上司和下属之间的关系是很微妙的，明智的下属知道，只要上司能够采纳自己的建议就是最好的结果，哪怕这个建议最终是以由上司提出的方式实现的，也是值得庆祝的成功。作为下属，切勿让上司觉得一直都是你在出谋划策，他才能够获得成功，没有上司愿意始终依赖和仰仗下属。下属必须维护上司的尊严，给足上司面子，让上司觉得，下属是依赖于上司的提携才会变得越来越优秀，下属的成就是上司培养的结果。这样的上下级关系才是理想的，也是更好相处的。

当然，人与人相处难免会发生各种分歧，尤其是上司和下属之间在工作上常常需要探讨和协商。作为下属，一旦与上司出现分歧，或者引发矛盾，必须第一时间就想方设法去弥补和修复。如果是误会导致的，那么就要尽快解释清楚，从而让误会烟消云散。如果出现了意见上的分歧，那么上司作为决策人肯定比下属有更大的权力去决策，在这种情况下，下属要学会适时妥协，而不要一味地和上司顶撞，否则只会让情况恶化，无法收场。当上司彻底不愿意和下属沟通，那么下属还如何开展工作呢？明智的下属知道，暂时的妥协是为了维护上司的颜面，保持与上司的良好关系，只有沟通的渠道顺畅，将来才能找机会和上司深入探讨，从而让问题得到圆满解决。

作为下属，一定要有大格局，不要总是和上司针锋相对。俗话说，人在屋檐下，不得不低头。在职场上，下属的权利范围一定比上司小得多，有的时候，下属要想让自己的好建议得以采纳，必须借助于上司的帮助。既然如此，何不把目光看得更长远，尽量与上司处理好关系，为自己的职业发展奠定良好的基础，也铺平道路呢？对于工作的探讨，并没有绝对的正确解决方案，总是上司有上司的考量，下属有下属的道理，这是由每个人所处的位置和思考的方式不同决定的。作为下属，思维要更加灵活，也要综合各个方面的因素作出决断，这样才能在工作中与上司密切配合，良好互动，干出成绩！

把高帽子都送出去吧

人总是喜欢听好话，而不愿意听逆耳的话。

在古时代，曾经有个书生金榜题名，马上就要去京城做官。临行之前，他去拜访老师，聆听老师的教诲，也和老师告别。他问老师："老师，到了京城，我有什么需要注意的吗？"老师语重心长地对他说："官场上的情况非常复杂，远远不像做学问这么简单。我奉劝你要明哲保身，此外最好多准备几顶高帽子，逢人就送出去一顶，总是没错的。"学生茅塞顿开，对老师说："听君一席话，胜读十年书，老师吃过的盐比我吃过的米还多，我三生有幸才能够得到老师的教诲。官场污浊，像老师这样的清流必然求而不遇，我一定会时刻铭记老师的教诲！"老师得到得意门生这样的盛赞，当即高兴得眉开眼笑，颇为得意。学生告别老师，心中暗暗想道："高帽子果然好用，现在就送出去了一顶，而且效果立竿见影！"

即便是洞察世事、叮咛学生要多备高帽子的老师，也无形中被学生戴了高帽子，非但没有反感，反而还很高兴，这就是高帽子的神奇魔力。气量狭窄的人总是不愿意承认别人比自己强，也不认可别人对自己的帮助，所以，他们很不擅长给别人戴高帽子。与他们恰恰相反，有大格局者很喜欢送高帽子给别人，这是因为他们深谙人的心理，也知道赠人高帽就像是"赠人玫瑰，手有余香"一样。和以其他方式拉近与他人的距离，加深与他人的感情往往效果不佳相比，给他人戴高帽，是一种更为便捷有效的方式。高帽是无形的，只需要掌握说话的技巧，把赞美的话说得恰到好处即可。既然如此，我们为何不慷慨地送出一顶又一顶高帽子呢？

很多父母都知道，好孩子都是夸出来的。夸赞孩子，可以促使孩子积极学习，主动进步。这个道理不但适用于孩子，也适用于成人。当我们毫不吝啬地夸奖他人，把高帽子送给他人，他人很有可能主动朝着我们夸赞的样子改变，渐渐地也就会更加符合我们的期望。大格局者之所以从不吝啬给他人戴高帽，也正是出于这个方面的考虑，与其强迫别人改变，不如让别人主动地、心甘情愿地改变，这效果当然是更好的。

一个年轻的妈妈抱着孩子很艰难地挤上火车。正值春运，车票很紧张，她们只买到站票。回家要乘车十几个小时呢，妈妈很发愁，赶紧找了块空地让孩子坐下。这个时候，孩子发现有个叔叔占据了两个座位，正惬意地躺在座位上呼呼大睡呢，因而哭闹着要去座位上坐。妈妈很为难，不知道年轻人是买了两张票，还是另外一个座位上的乘客还没有上车，在不清楚情况之前，不好贸然开口。孩子哭闹的声音很大："那个叔叔有两个座位，为什么不能给我一个坐呢？"其实，年轻人早就听到孩子的哭闹了，只是他不愿意把座位让出来而已。妈妈看着哭闹的孩子感到很尴尬，不知道如何是好，突然，她灵机一动，说道："那个叔叔肯定是太困了，先让他睡觉，等到他睡醒了，看到你坐在地上，就会分享一个座位给你，好不好？"

妈妈说完这句话，孩子的哭闹声明显变得小了。年轻人假装又睡了几分钟，赶紧坐起来把座位让给孩子坐。年轻人很友好，还对妈妈说："你也坐着吧，这边的乘客肯定是中途上车的，现在还没有来。人多，能坐一会儿就坐一会儿，这样才能保存体力。孩子小，不占太多空间，把孩子放在中间挤一挤就行。"妈妈赶紧对年轻人表示感谢，还拿出随身带的水果送给年轻人吃。

　　好吃莫若饺子，舒服莫若躺着。对于年轻人来说，火车上那么拥挤，当然是躺着更加舒服，所以，在孩子哭喊着要座位的时候，他一直在假装睡觉，并不想把座位让出去。妈妈是有大格局的，并没有指责年轻人一个人占两个座位，毕竟年轻人占用的座位不是她的，而且妈妈也不确定到底是什么情况。看着哭闹不休的孩子，妈妈想出了一个好办法，那就是给年轻人戴高帽。她告诉孩子叔叔只是太困了，等到睡醒了一定会把座位让出来，这样就保护了年轻人的颜面，也在孩子面前树立了年轻人的高大形象。年轻人戴了妈妈送出来的高帽子之后，当然不好意思继续霸占座位，赶紧装作刚刚睡醒，主动让出了一个座位给孩子和妈妈。

　　给他人戴高帽，比死乞白赖地求着他人，或者是声色俱厉地指责他人，效果都更好。人是地球上的高等生物，充满智慧。有大格局者在为人处世的时候，更是会发挥聪明才智，把事情处理圆满。与其因为贬低他人而与他人交恶，不如积极热情地认可和赞赏他人，从而让他人主动做出改变，使事情朝着我们所期望的方向发展。

　　很少有人会拒绝高帽，但是戴高帽是有限度的，要因人因时因事而论。当我们把一顶再合适不过的高帽子戴在他人头上，相信他人会满怀欣喜地接受，也会在很短的时间内对我们感到亲近。作为回报，他们还会对我们好言好语。可想而知，这样的互动之下，人际关系一定会得到良好的发展，人与人之间的情谊也会越来越深厚。

措辞恰当，说遍天下都不怕

很多人都欣赏主持人，尤其欣赏那些大名鼎鼎的主持人，因为这些主持人都有着渊博的知识、随机应变的能力。他们常常需要在很大的场面里担任主持工作，不但按部就班地报幕、报节目，而且，每当现场有突发情况出现时，他们还要当机立断地做出判断，并且想出适宜的办法妥善处理现场情况。这仅仅是主持各种大型活动需要面对的挑战，如果作为访谈者要与到场的嘉宾进行互动，难度则会更大。这是因为不同的嘉宾从事不同的工作，有着自己的思想、观点和见识，也有自己的语言风格。作为访谈者既要引导嘉宾回答一些问题，难免涉及隐私或者比较尖锐的、难以回答的问题，还要融洽访谈的气氛，让访谈顺利进行。可以说，主持人就像是全场的灵魂，不但要有机智的头脑，还要有随机应变的能力，尤其是要能够以语言打开嘉宾的心扉，让嘉宾愿意说出真心的话，与嘉宾进行真诚的交流。一名优秀的主持人，说遍天下都不怕，面对什么样的嘉宾都能谈笑风生，这才算进入了化境。

当然，作为普通人，甚至作为普通的主持人，很难把话题这样圆润通融地展开。更多的时候，面对很少见面的人，或者是对于经常见面但是缺少沟通的人，我们会感到很尴尬，甚至有不知道该说些什么的感觉。从本质上而言，人与人之间的交流未必都要是热烈的、尽兴的，在实现这个高层次的要求之前，我们首先要做到的是保证措辞准确，避免因为言语不当而让人陷入尴尬和难堪的境遇中。这不但是对主持人的基本要求，也是对每个普通人参与沟通的基本要求。

在诸多的主持人中，杨澜以学识渊博而见长，她是一个浑身都充满书卷气的才女，不管面对怎样的嘉宾，总是能够谈笑风生。然而，气氛的融洽不仅仅得益于杨澜的学识渊博，也得益于杨澜的措辞恰当。否则，纵然有满腹才华，如果说出去的话总是让人不愿意听，惹人生厌，杨澜就不会成为大名鼎鼎、受人欢迎的主持人。

有一次，杨澜采访一位现代作家，这位作家同时也是音乐界的才女。仅仅听到这两个头衔，我们就知道嘉宾一定与众不同，因为不管是写作还是创作音乐，都需要非常有才，特别独特，那么，嘉宾到底是谁呢？她就是刘索拉。

刘索拉在文学领域和音乐领域，都是独树一帜的奇才。很多人一听说要采访刘索拉，都忍不住皱起眉头，因为他们不知道这位才女将会冒出怎样奇怪的言论，又会给采访带来怎样的障碍。最终，这次如同啃硬骨头一样难的采访任务还是由杨澜来完成。在采访过程中，刘索拉果然奇言妙语频出，杨澜并没有惊慌，而是以真诚的态度虚心请教，从容应对，最终圆满完成采访。

刘索拉："有段时间，中国掀起了录音狂潮，有很多'棚虫'应运而生，我也是其中之一。正是在那时候的大氛围中，我才创造出很多的电影音乐。"

杨澜："棚虫？还是第一批棚虫？"

刘索拉："棚虫就是每天趴在录音棚里，专心致志做唱片，扒唱片。是的，那段时间我们都要扒唱片。"

杨澜："扒唱片是什么意思？"

刘索拉："通俗地说，就是把国外的流行音乐翻译成中国的，因为听不懂英文，就只能凭着感觉听音乐，再填词。崔健还唱过我扒的一张美国唱片呢，那时候他名气没有那么大，还没唱《一无所有》。"

杨澜："在《一无所有》之前，那的确很早了。"

接下来，杨澜和刘索拉聊得不亦乐乎。她们都很喜欢崔健，也正是从谈论崔健的音乐开始，谈得越来越火热，关系也不知不觉间变得更近了。

可以看出来，杨澜对于刘索拉所说的"棚虫""扒唱片"都很陌生。第一次，她以疑问回应刘索拉，在得到刘索拉的解释后，她直接请教刘索拉"扒唱片"的意思。由此，从自己非常陌生的领域进入熟悉的领域，那就是和刘索拉谈论崔健和崔健的音乐。没有谁是无所不知且无所不能的，即使是作为著名主持人的杨澜。杨澜措辞很准确，在遇到新名词的时候，她能够把握措辞，恰到好处地对谈话对象进行回应，从而得到对方的解答，这是非常可贵的能力。当掌握了这个技巧，就不用担心自己是否与他人有共同话题，只要努力用心去尝试和挖掘，总能找到合适的话题点燃彼此交谈的热情。

具体而言，交谈过程中要想做到适时回应，有以下几种技巧可以学习和使用。

首先，最简单的回应方法就是重复对方的词汇。在上述事例中，杨澜在听到"棚虫"这个陌生词汇的时候，就采取了重复的方法，得到了刘索拉的积极回应。

其次，认真倾听和揣摩对方的话，识别对方的感官用词。人是感性动物，很多人在和他人沟通的时候，都会因为自身的感官偏好而情不自禁地选用一些感官词语，诸如"看起来""本质上"等。如果对方很喜欢说看起来，那么意味着对方更加感性，你在交谈过程中可以更多地描绘画面，强调感受。如果对方很喜欢说本质上，那么意味着对方更注重现实的依据，喜欢以事实作为根据，那么在交谈中，你就要更加尊重事实，用真相来说话，而不要总是随意捏造事实或者夸大其词。人人都有自己的感官偏好，也会在不知不觉间更倾向于使用某些感官词语，这是我们需要用心观察的。

再次，不要否定对方的话，也不要把话说得太满、太绝对。很多人总是会犯自以为是的错误，动辄就会否定他人的观点，而坚持要求他人接受自己的观点。没有人愿意被说服，在这样的情况下，一定要控制好自己的情绪，把握好说服的力度，而不要不由分说就否定他人，否则只会给他人留下狂妄自大、自以为是的糟糕印象，导致沟通无法继续下去。

最后，还要模仿对方的习惯用语。所谓习惯用语，也就是我们平时所说的口头禅。每个人在无意识状态下都会形成习惯用语，诸如"太好了""我的天啊""无所谓""真酷炫"等。大格局者在与人沟通的过程中，想要拉近关系，可以模仿对方的习惯用语，这样会让对方觉得很亲近，也很熟悉，自然有助于沟通进行。俗话说，物以类聚，人以群分。人们总是愿意亲近那些和自己很相像的人，而说同样的习惯用语，恰恰起到了这样的作用。

当然，时间是非常宝贵的，不管是谁，在和他人沟通的时候，都希望可以提升时间的利用率，在有限的时间内得到更好的交流。哪怕是闲谈，也是有目的的，必须朝着预期有效推进。参与交谈者一定要有珍惜时间的意识，组织好语言，让语言更加准确精练，这样才能得到更好的沟通效果。

第六章

理解包容：设身处地以话动人

    有的人想问题具有很强的主观性，很难站在他人的角度上去思考问题，也无法真正做到理解和包容他人。这样的人与他人的相处非常困难，缺乏为他人着想的精神，所以，总是从主观角度出发，自以为是，强迫别人接受自己的观点，结果导致人际关系非常尴尬。只有拥有大格局，从自身的局限中跳脱出去，我们才能悦纳他人，理解他人。在健康的心理状态之下，我们说话的时候就不会总是从自我出发，而是能够做到更多地为他人着想，以话动人。

换位思考，把话说到他人心里去

换位思考，说起来只有简简单单的四个字，真正做起来却是很难的。这是因为换位思考往往需要我们有博大的胸怀，有真正的大格局，这样我们才能从自我的狭小格局中摆脱出去，从而真正做到为他人着想，把话说到他人的心里去。换位思考，既是为人处世的方式，也能代表一个人的性格和品质。当一个人心里只有自己，他表现出来的只能是自私冷漠。一个人心里装着别人，才会在考虑问题的时候把别人考虑在内，也才能在说话的时候更加慎重，从多方面进行综合的分析和考量。

以前，人们对于智商非常重视，认为智商决定人生的成败。后来，情商的概念被提出，越来越多的人认识到情商的重要性。情商高的人能够把很多棘手的问题处理好，也能建立良好的人际关系网，拥有丰富的人脉资源。

大格局者善于站在他人的角度进行思考，这是一种与他人共情，对他人形成同理心的能力，这在人际相处中可以起到很重要的效果和作用。从心理学角度而言，擅长换位思考的人，能够体察他人的情绪，洞察他人的内心，从而让自我的情绪与他人的情绪产生共鸣。生活中，总有些大大咧咧的人，对于外界发生的一切浑然不知，而有些人则恰恰相反，他们非常敏感，对于外界发生的一切可以及时觉察。哪怕他人有非常微妙的情绪变化，敏感的人也可以当即捕捉到，并且对他人表现出关心。这样的人当然更受欢迎。和那些自私自利、眼里与心里都只有自己的人相比，大格局者始终心怀他人，所以才能与他人更好地相处与互动。范仲淹在《岳阳楼记》中写道：先天下之忧而忧，后天下之乐而乐。从这句话我们不难看出，范仲淹有很大的格局，心怀天下，所以，不以物喜，不以己悲。

有人说，心有多大，舞台就有多大。我们也要说，一个人的心中装了多少人，就能够感受到多少人生的喜怒哀乐。对于那些被心排斥在外的人和事情，我们是无法敏锐感知和体察的。大格局者怀有同理心，常常能够以自身的思维介入他人的感受，也能够尽量站在他人的角度观察世界，思考问题，做出抉择。这样的设身处地和换位思考，让大格局者和他人的交流更加顺畅，总是能够以语言打动他人的心，赢得他人的认可。

成功学大师卡耐基有很多学生，每年，他都会不定期地租用酒店的大礼堂开办短期培训班。因为是租用的场地，所以场地时常变换，在每次进行短期培训之前，卡耐基都要为确定培训场地而奔波。

很快又要举行短期培训了，这一次，卡耐基早早就定好了酒店大礼堂，显得非常轻松，只需要给学员们发通知即可。很快，通知函都已经发出去，卡耐基紧锣密鼓地做准备，只等着学员们前来报道。没想到，在这个时候，酒店给卡耐基下发了通知："卡耐基先生，很遗憾地通知您，因为旅游旺季即将到来，我们无法把酒店大礼堂按照原来的价格租给您。您可能需要另外寻找场地，否则就需要付给我们三倍的租金。"看了通知，卡耐基一开始非常生气。但是静下心来想，他觉得生气并不能解决问题，他必须马上见到酒店经理。

在拜访酒店经理之前，卡耐基详细认真地算了一笔账，并且带着算好的账单去找酒店经理。见到酒店经理，卡耐基没有抱怨，而是主动和酒店经理握手，连声说："不好意思，让你为难了。"酒店经理显然没有想到卡耐基会这么理解和体谅他，因而脸上表现出惊愕的神情。卡耐基说："我很理解酒店要涨租金的要求，也知道你作为执行人是很为难的。毕竟你工作的目的就是为酒店创造利润，否则，你如何能得到老板的认可和赏识呢？"酒店经理连连点头，卡耐基继续说："有一笔账咱们需要算一下。这几天，我调查了把大礼堂租出去开办舞会、宴会等的费用，的确比租给我要高得多。不过，我的性质很不同。我是开办培训班的，在培训期间，会有大量的学员从外地赶过来，他们之中不乏成功人士。为了上课方便，他们必然选择在酒店入住，而且一旦享受到酒店优质的服务，他们未来到这个城市出差，也会首选入住你们的酒店。这是一笔隐形利润，给你们带来的广告效益和实际收益是很大的。而且，酒店把大礼堂租出去，用于举办宴会、酒会、舞会，看起来每一场的租金都很高，但是其中一定会有些档期是空置的。这样算来，每天的租金提升幅度很高，但是放在一段时期来看，整体的租金提升却不会很多。我愿意付出一点五倍的租金来继续租用大礼堂，您觉得呢？"在卡耐基的精打细算之下，酒店经理心服口服，当即表示自己一定会和上司汇报情况，也尽量为卡耐基争取到最合理的价格。

后来，卡耐基果然以一点五倍的价格继续租用大礼堂，发出去的通知不用改了，整场培训进行得非常顺利。

卡耐基为何能说服酒店经理呢？他正是采取了换位思考的策略，从酒店经理的角度出发，核算短期培训给酒店带来的收益。卡耐基先是对酒店经理的职责所在表示理解，后来又详细给酒店经理算了一笔账，最终成功地说服了酒店经理，让酒店经理心服口服。这都是因为卡耐基有大格局，所以才没有因为酒店出尔反尔涨房租而和酒店经理展开辩论。这样圆满的结局，是卡耐基和酒店经理都想看到的。

很多人一旦遭到不公平的对待，第一时间就会歇斯底里，想方设法去理论，不择手段地维护自己的利益。实际上，这样冲动的做法非但不能解决问题，反而会导致问题恶化，更加棘手和难以解决。

"如果我是你，我就会……"这句话非常神奇，我们一定要经常挂在嘴边。尤其是在试图说服他人、与他人达成共识的情况下，这句话更会具有强大的魔力。大多数人在说服他人的时候总是站在自己的立场上思考，为自己辩解，而恰恰忽略了说服他人的关键在于动之以情、晓之以理。如果不能采取恰当的方式表达自己的意愿，则说服就会步履维艰。只有站在他人的立场上思考和表达，让他人觉得我们是在为对方着想，他人才会把我们的话听到心里去，也才会发自内心地认可和接纳我们。

说对方感兴趣的话题

不管什么时候，沟通都是双向的互动过程。如果其中一方对所谈论的话题不感兴趣，总是保持沉默，甚至心不在焉，不能做到认真专注地倾听，那么，沟通就无法进行下去。面对一个沉默不语的交谈对象，大格局者怎么做才能让对方对谈话有所反应，也愿意互动呢？要想打破交谈中冰冷的气氛，会聊天的人会当机立断寻找对方感兴趣的话题，以此来激发对方的谈兴，活跃谈话的气氛。

面对兴致索然的话题，或者从未涉及的领域，很少有人能够保持谈兴，滔滔不绝。既然如此，有大格局者在与他人展开交谈的时候，就不会总是凭着自己的喜好去提起话题，而是更多地考虑他人的需要，说起让他人感兴趣的话题，激发他人交谈的兴致。当谈话的氛围变得活跃且充满热情，彼此之间的关系也会被拉近，那么，沟通当然能够顺利进行下去。现在，"尬"是一个网络热词，从"尴尬"到"尬"，人们也以"尬"衍生出很多流行的词语，例如"尬聊"。所谓"尬聊"，顾名思义，就是尴尬地聊天。而要想摆脱尴尬，说彼此都感兴趣的话题无疑是最好的选择。当然，如果初次见面，还没有互相了解，更没有形成默契，那么，我们可作为谈话的主导者先说对方感兴趣的话题。这是因为对方的尴尬我们无法掌控，而自己的尴尬我们可以掌控。

有些人心胸狭隘，总是不愿意说别人感兴趣的话题，而始终都在自顾自地说着自己想说的话题。这么做的直接后果是，对方对谈话兴致索然，甚至会仓促地结束谈话。其实，退一步海阔天空，我们不能把自己的快乐建立在他人的痛苦之上，应该把自己的快乐建立在他人的快乐之上。当他人聊起感兴趣的话题眉飞色舞，我们还发愁谈话无法继续吗？真正善于沟通的人际高手，会尽量为他人着想，考虑他人的感受，会避免滔滔不绝，而努力当好倾听者的角色，把表达的机会让给他人。这样一来，就算是从始至终并没有说太多的话，也依然能给他人留下良好的印象，赢得他人的赞赏。

公司召开年会，作为才进入公司一个多月的新人，小王对大多数同事都不熟悉。看着其他同事们在一起熟络地交谈，小王决定躲到角落里喝饮料、看手机。小王才坐在角落里没多久，有个女孩就来到小王面前，说："请问，我可以坐在这里吗？"小王点点头，心里琢磨着："这也是公司里的同事吗？我从未见过呀！"思来想去，小王决定谨言慎行，如果对方不想交谈，他也一定不主动出击，从而避免言多必失、祸从口出。

女孩看起来很外向，笑着问小王："你是哪个部门的？新来的吗？"小王点点头，说："我才进入公司一个多月，在人力资源部。"女孩笑起来："你好，我是销售部的。"小王羡慕地说："难怪大家都说销售部美女多呢，果然名不虚传。尤其是你的这条项链，是木质的吗？很有异域风情，把你衬托得特别漂亮。"听到小王的夸奖，女孩对小王有了好印象。女孩就像是打开了话匣子，对小王说："这条项链是我去印度旅游的时候，从土著那里买回来的。其实，那里有很多漂亮的手工制品，这个显得有些粗糙，但是我一眼就看中了。我花了比买那些手工艺品贵好几倍的价格，把这条项链买下来，时至今日，我依然最喜欢这条项链。""你去过印度啊，我也很想去，只是一直没有机会。你有攻略可以分享吗？"小王惊奇地问。女孩滔滔不绝，说了一个多小时，直到年会结束，女孩还意犹未尽呢！分开的时候，女孩对小王说："你可真是个聊天的好伙伴，很高兴认识你！改天再见！"小王暗暗想道："其实，我也没说什么。"

次日，小王正准备下班，同部门的张姐对他说："小王，你小子可真厉害，看着不吭不响的，昨天一场年会下来，居然赢得了销售部美女嫣然的好感。快点儿吧，嫣然让我把她的微信推给你了，说要交你这个朋友呢！"小王受宠若惊，不知道木讷寡言的自己是如何得到嫣然欣赏的。

在整个交谈的过程中，小王说话很少。但他不是沉默，而是让话少而精，而且，他提起的话题是嫣然始终记忆犹新的印度之旅。小王还独具慧眼，对嫣然的木质项链大加赞赏，这就更让嫣然刮目相看。小王有大格局，深谙与人交谈之道。他通过项链挑起话题，在沟通的过程中，一直在认真地倾听嫣然，也会适时地提出问题，激发嫣然的谈兴，所以，他们才会不知不觉聊到年会结束。

要想给他人留下好印象，我们就要主动谈论起他人感兴趣的话题，这样才能吸引他人的注意力，也才能成功地打开他人的话匣子。记住，在任何场合的交谈中，都没有人愿意心甘情愿当倾听者，既然我们想让交谈更顺利，为何不把侃侃而谈的机会留给别人呢？我们所要做的就是抛砖引玉，提出一个好的话题给他人去发挥，而接下来我们就要认真倾听，及时做出反馈。这样的沟通模式，即使用在陌生人身上，也能起到非常显著的效果。

当然，如果我们是第一次和某个人交谈，那么很有可能不知道对方的兴趣所在。在这种情况下，可以一边沟通，一边去用心地思考与揣摩。当你能够区别对方在听到不同话题时的反馈，就可以敏锐感觉到对方更喜欢说什么，而不喜欢谈起什么。有了初步的了解，继续沟通就会变得更容易。人人都喜欢和志同道合之人交流，大格局者善于让自己和他人志同道合，也善于以他人感兴趣的话题打开他人的话匣子，这是人际相处的能力，也是为人处世的智慧。当发现自己所说的话题对方不感兴趣的时候，大格局者要当机立断、不露痕迹地转换话题，从而有效消除尴尬，给他人留下好印象。兴趣就像是柴火，会让原本不那么热烈燃烧甚至即将熄灭的一团火，转眼之间就燃烧起来，火焰冲天。大格局者要善于利用交谈对象的兴趣，点燃交谈对象的谈兴和表达的热情。

转移话题，激发对方的谈兴

人与人沟通的时候，很有可能会因为一个话题不受欢迎，导致原本如火如荼的谈话氛围瞬间冰封，每个参与谈话的人都像是掉入冰窖里一样浑身冰冷，就连嘴巴都被冻住了，根本不知道接下来应该说些什么才好。这样的尴尬冷场是很让人难堪的。因为语言并不像是阅读，文字不会着急，我们读累了，就可以把书本放下来，休息片刻，再继续阅读。语言交流就像是源源不断的水流一样，处于流动的状态，一旦中断，就会使人产生窘迫感。

每个人都是独立的生命个体，人与人之间身体上的距离可以很近，心理上的距离却有可能很远。正因为如此，才有人说，人心隔肚皮。哪怕设身处地，哪怕换位思考，我们也很难真正做到站在他人的立场上思考问题，深入了解他人的所思所想。这是因为我们归根结底不是他人，更不可能成为他人。人都是防范心理很重的，而沟通又是非常微妙且随时处于变化中的互动过程。这就决定了沟通的难度。同样一个话题，对这个人说起也许会拥有一场妙趣横生的交谈，而对那个人说起也许就会招致反感，闹得很不愉快。每一个话题都不是放之四海而皆准的。作为大格局者，在与人交谈的时候，除了说对方感兴趣的话题之外，一旦看到正在说的话题不受对方欢迎，就要及时转移话题，这样才能有效地打破僵局，激发起对方的谈兴。

现代社会，有很多话题都是禁忌。例如，不要问女士的年龄，不要打听他人的收入，因为这些都属于他人的隐私。针对不同的沟通对象，针对不同的沟通环境和氛围，要灵活选择合适的话题，避免引起尴尬。

有些人非常固执，对于自己想要继续交谈的话题，哪怕看到交谈对象兴致索然，甚至非常反感，他们也不愿意放弃。殊不知，这不是执着，而是不礼貌的表现，也正是人们常说的"哪壶不开提哪壶"。这样的人常常为了满足自己的好奇心、窥视欲，就把他人置于尴尬的境遇之中。没有人愿意和这样的人相处，我们一定要摒弃这种自私的做法，避免给他人留下恶劣的印象，使得人际关系急速恶化。适时转移话题，一则可以缓解尴尬，二则可以维持良好关系。只要友好的关系还在，我们就可以再找机会与他人进行攀谈，所谓留得青山在，不怕没柴烧，就是这个道理。任何沟通都要建立在良好关系的基础上，因而，我们不能为了逞一时的口舌之快，就置他人的情绪感受于不顾。

最近，张老师耗费三年写成的专业书籍《中国诗歌发展纪实》得以出版。这让原本默默无闻的张老师瞬间名声大噪，很多记者都来采访张老师，而张老师并不想趁机出名，因为他完成《中国诗歌发展纪实》完全是凭着兴趣和热爱。一个周末，有个辗转通过朋友介绍来的记者，才刚刚见到张老师，就开门见山地问："张老师，《中国诗歌发展纪实》可是专业巨著，您能说说是如何完成这部作品的吗？"张老师面露难色，说："其实也没什么好说的，我就是喜欢读诗歌，也喜欢写诗歌而已。"记者明显感觉到张老师的推辞之意，这时，他看到张老师的书房里悬挂着一幅狂草书法作品，因而转移话题，问张老师："张老师，您喜欢狂草啊！这幅作品是您写的吗？"提起心爱的狂草，张老师毫无压力，马上滔滔不绝地说起来。

记者认真倾听张老师对狂草的喜爱和写作狂草的感受与心得，确认墙上的作品就是张老师所写后，由衷地竖起大拇指，对张老师说："张老师，看来您不仅是研究诗歌的专家，还是写狂草的行家。您对于狂草都这么有感悟，对于诗歌一定有更多更深刻的感悟，可以分享一下吗？"这个时候，张老师已经和记者聊得很开心了，虽然觉得对于《中国诗歌发展纪实》没有什么好说的，但是看到记者盛情难却，只好在用心思考之后，和记者分享了自己在创作过程中的很多逸闻趣事。

这个记者很高明，他有大格局，在张老师推辞诉说创作的心得体会后没有放弃，而是认真观察，从张老师喜欢的狂草开始交谈，激发了张老师的谈兴。等到融洽地交谈一段时间后，记者才又把问题绕回到《中国诗歌发展纪实》上来。这种情况下，张老师自然不好意思继续冷面无情地拒绝记者，也因为话匣子已经被打开，所以他很乐于分享。

面对一个不受交谈对象欢迎的话题，如果我们一味地强求交谈对象去说，则会给交谈对象留下恶劣的印象，也会使得交谈对象对接下来的谈话产生不好的预期。虽然有些事情是可以通过强迫达成的，但是沟通不能以强迫的方式勉强进行。如果交谈对象始终对我们心怀芥蒂，不愿意敞开心扉和我们交流，仅从表面看起来说了很多，没有干货，都是些顾左右而言他的话，那么，这样的交谈就是失败的。只有真正打开交谈对象的心扉，让交谈对象发自内心地接受我们，也很乐于与我们交谈，我们与交谈对象之间才会有更深入的互动和交流。

　　需要注意的是，如果是闲谈，转移话题之后自然可以继续针对令人愉悦的话题进行沟通。如果是带着目的进行交谈，那么在转移话题，打破僵局，融洽气氛之后，我们还要找到合适的时机把话题再转回正题，这样才能得到自己想要的信息，也才能让交谈圆满结束。

积极参与，让谈话的热情水涨船高

交谈就像是在打球一样，属于团体活动，少则两个人，多则数十人上百人。如果在打球的过程中，始终都由一个人抱着球跑，球是打不起来的。同样的道理，在交谈之中，如果总是一个人在唱独角戏，那么交谈就无法顺利进行下去，更不会有热情的氛围。这是因为交谈需要每个人都有很强的参与感，也需要每个人都积极热情地参与进来。只有积极的语言才能提升交谈的温度，否则，如果每个人都是一副冷若冰霜的样子，对于交谈中提出的一切话题都漫不经心，则交谈注定是没有温度的。

在交谈者之中，话头就是球，一个人从别人那里接到球，不但要玩一玩，还要把球传出去，从而让交谈"生生不息"。有些人在不知不觉间充当了话题终结者的角色，即使再好的话题一旦他们开始说，就会瞬间终结。这是为什么呢？是因为他们只会接球，而不会玩球和传球。归根结底，还是格局太小，说出去的话让别人无法接下去说，或者无法引发别人的共鸣。如此一来，谈话还如何能够继续呢？从这个角度来说，在与人交流的过程中，要想激发别人的谈兴，大格局者必须给下一个参与谈话的人留有空间，留下发言的机会，而不是在无意之间就把所有的话都说出来，或者说得很满，导致其他谈话者被拒于谈话之外，也失去了参与交谈的积极性。

要想激发起其他交谈对象的参与感，大格局不会总是滔滔不绝。真正擅长交谈的人绝不卖弄三寸不烂之舌，而是贡献出耳朵开始倾听。人人都想诉说，都想得到倾听，既然如此，我们就要承担起倾听者的角色。只有把倾听的工作做好，才算是真正擅长沟通的。记住，交谈不是演讲，更不是独角戏。对于他人而言，一旦表达的欲望被遏制，不得不勉为其难地听着他人的高谈阔论，他们对于这次谈话的印象就会大打折扣，甚至对于那些高谈阔论者的印象也会十分糟糕。大格局者非常明智，一定不会在沟通中犯如此低级的错误。

　　大学毕业十年，班长组织同学聚会，还邀请了老师参加。除了有几个同学因为人在外地没法赶回来参加聚会之外，其他的同学悉数到场。十年，比起大学时代的青涩时光，大家都有了很大的改变，大部分的同学都发福了，形象改变，但是气质和性格却没有太大变化。诸如班级里的才女刘亚，还是那么安静沉默。

　　和刘亚比邻而坐的毛倩是个外向开朗的女孩，酒足饭饱，同学们开始就近聊天。毛倩问刘亚："刘亚，你现在做什么工作？是当老师吗？"刘亚点点头："是的，还在毕业的时候去的那个学校。你呢？"毛倩说："哎呀，你当老师真是大材小用了。我记得你在学校里那会儿就特别有才华，文章写得好。我很羡慕你，也学着写文章，但是总也没有你写得好。也许是机缘巧合吧，大学毕业后我去了上海。你知道的，我哥哥在上海。在上海，可没人给我找工作，我总是住在哥哥家里白吃饭也不好意思，就去了一家图书公司当编辑。你有没有兴趣换份工作啊？如果想从事文字工作，我可以帮忙。"刘亚摇摇头，说："你运气可真好，有机会去大城市打拼，不像我们一毕业就回到家乡，过着按部就班、波澜不惊的生活。十年了，大家都结婚生子了，可折腾不动了。要是在毕业的时候有这样的机会，我一定毫不迟疑，义无反顾。我可真羡慕你！"毛倩灵机一动，说："其实也没关系，你就算不辞职，也可以做一些文字工作。你如果有兴趣，我们公司有很多外发的稿件需要处理的，我可以安排给你……"刘亚的眼光里闪耀着向往的光。

原本沉默寡言的刘亚，并不是不会说话，也许经常沉默只是因为没有合适的交流对象。显而易见，刘亚和毛倩都是很善于交谈的，她们在表达自己的想法之后，知道再向着对方提出一个问题，也就是把皮球踢给对方，这样一来，对方才能积极回应，参与交谈。这是一场很成功的谈话，毛倩和刘亚势均力敌，都很好地把握了谈话的节奏，推动谈话不断向前发展，沟通的内容也越来越深入。相信经过这样的交谈，也许在大学期间并不十分要好的刘亚和毛倩，反而会拉近彼此的关系，成为好朋友呢！

很多人都看过一档访谈节目《鲁豫有约》。鲁豫是做高端访谈的，经常需要采访一些有着特殊身份和地位的嘉宾。鲁豫在进行采访之前，要做大量的准备。因为每个人可以分享的东西很少，而有些人因为身份、地位的限制，更是要谨慎说话、守口如瓶，这给鲁豫采访带来了极大的难度。经过很长时间的积累，鲁豫想出了一些好的办法，除了在采访之前做足准备，尽量多地了解采访对象之外，她还会适时地抛出一些难以回答的问题，给嘉宾刺激，让嘉宾从敷衍了事接受采访，转化为全力投入应付提问。这样的刺激能够增加嘉宾参与谈话的热情，提升整个访谈的质量，是鲁豫非常擅长也频繁使用的采访技巧。

大格局者要想与他人拉近关系，推动交谈顺利发展，就一定要给交谈对象留下说话的机会和时间，最好以合适的方式激发交谈对象的谈兴，让他们兴致盎然。无论怎样，只顾着自己说个不停是很糟糕的交谈方式，看起来说了很多，实际上并不利于人际关系的建立和交谈的深入。一旦对方对交谈产生厌倦，我们就会被排斥和抗拒，导致后续的交谈无法进行下去。大格局者知道，交谈不是独角戏，每一个参与交谈的人都必须感受到交谈的愉悦，体会到参与交谈的快乐，才能更加热衷于交谈。所以，就让我们从认真倾听开始，调动他人的交谈兴趣，给交谈开个好头吧！

用心揣摩，找到对方的感情弱点

擅长说服的人都知道说服要以情动人、以理服人，至于最终说服的效果如何，则要看能否把握住对方的感情，从而让以情动人的效果更加显著。

爱看武侠小说的人都知道，哪怕是武功高强的绝世高手，也必然有弱点。那些被邪恶一方打得落花流水的正派人物，在最后总是能够逆袭，就是因为他们击中了邪恶者的弱点，因而一招制胜。在大自然中，很多动物也有弱点，例如刺猬的腹部非常柔软，每当遇到危险的时候，它们就会把身体蜷缩起来，保护腹部不受伤害。人呢，当然有弱点。身体上，头部和腹部都是需要重点保护的，精神上也会有薄弱的环节不堪一击，感情上更是会有特别柔软细腻的、不为人知的角落，不可触碰。

大格局者要想打动他人，最重要的不是讲那些大道理，而是能够用心揣摩，寻找到对方的感情弱点，这样才能让说出去的话打动对方的心。很多人都有过求人的经历，都知道要得到他人的帮助，未必允诺会给他人怎样的回报就能实现，而是要能够说动他人，让他人心甘情愿地提供帮助。这很难，也很容易。难的在于我们要以情动人，容易的在于我们并不需要付出实质性的代价。人是独立的生命个体，我们不是他人，很难猜透他人心中在想什么，有怎样的诉求和需要。这是打动人心最难的地方，必须要引起他人的共鸣，我们才能真正击中他人感情的软肋。有些人因为轻易动感情而变得冲动，也有些人因为不会轻易动感情而表现出冷漠和铁石心肠的一面。有人说，感情就像是一把双刃剑，既能成全人，也能毁灭人。正是出于这个方面的考量，大格局者一定会打好感情这张牌，在感情的指引下把话说得更加入耳，入心。

正值金融危机，安娜已经大学毕业半年多了，一直处于刚毕业就失业的窘境。工作很难找，尤其是安娜所学习的专业并不热门。安娜一次又一次地放低就业门槛，然而在残酷的现实之下，就业是如此之难，安娜渐渐地失去了信心。

为了生存，安娜每天都出门找工作。也许是她的坚持和诚心感动了命运之神，她费尽周折，终于得到了一份销售珠宝的工作。安娜很珍惜这得来不易的工作机会，每天都早早地到达珠宝店，打扫卫生，擦拭首饰，为同事们准备好饮用水等。因为很勤奋，也很努力，安娜得到了老板和同事们的一致好评。她顺利度过试用期，如释重负，觉得自己至少能够养活自己，也可以帮助妈妈减轻养家的负担了。

一天晚上，下起了鹅毛大雪。安娜住得比较远，次日清晨，她早早地起床赶到珠宝店。街道上行人很少，安娜和往常一样打开门打扫卫生，这个时候，有一个衣衫褴褛的中年男子穿过街道，走进珠宝店。看起来，这个男人非常窘迫，安娜心中有些紧张。她本来拿出了一盒戒指准备擦拭，正在此时，电话铃突然响了起来，安娜急着接电话，不小心把戒指盒打翻了。接完电话，安娜马上寻找戒指，然后，她只找到七枚戒指，还有一枚戒指不见了。这个时候，男人准备朝着门口走去，安娜有了不好的预感，她当即冲着男人的背影柔声喊道："先生，对不起！"男人转过身看着安娜，默不作声，安娜情急之下也不知道说什么，就这样，他们对视了足足一分钟。男人脸上的肌肉抽搐着，看起来很可怕："怎么了？"安娜鼓起勇气说："先生，我知道，生存很艰难，工作也不好找。我从大学毕业到找到这份工作，经历了半年多的时间。我妈妈独自抚养我和弟弟，我很珍惜这个工作的机会，我想帮助妈妈减轻养家的负担。先生，我真的不想失去这份工作……"男人看着安娜，脸上的线条柔和起来，他走向安娜，伸出手。安娜不知道男人的用意，但她还是勇敢地伸出手。男人握住安娜的手，说："你一定能把这份工作干好。"说完，男人松开安娜的手朝着门外走去。在安娜的手掌心，静静地躺着一枚戒指，安娜忍不住湿润了眼眶。

这是一场无声的较量，清晨的街道上人迹罕至，一个显然很缺钱、为生活所迫的男人，趁着戒指掉在地上的机会，捡起了戒指藏在手心准备离开。安娜没有任何证据证明是男人拿了戒指，现实的情况是，就算她不顾一切地呼救，也得不到任何援助，反而有可能激怒男人，使男人做出过激的举动。就在这样的紧急关头，安娜发挥了语言的力量，没有戳穿和指责男人，而是找准男人也处于窘境的感情薄弱点，尝试着打动和说服男人。果然，安娜的表达成功地激发了男人的恻隐之心，想到一个年纪轻轻的女孩花费了半年多的时间才找到工作，还要帮助妈妈养家，男人最终选择不动声色地把戒指还给安娜。

安娜之所以能成功打动男人，说服男人，就是因为她抓住了男人的感情薄弱点。她很尊重男人，没有指责，没有训斥，而是柔声细语地请求，也说明自己的情况。如果安娜一念之差选择大声呼救，或者报警，则事情的结果也许会糟糕很多。

大格局者要打动人心，一定会以情动人，引起他人的情感共鸣。通常情况下，要打动他人，让他人动情，必须做到以下几点。首先，不要开门见山地直接指向问题的本质，而是可以以不那么让人警惕的话题作为切入点展开交谈。这不但是为了进行感情铺垫，也是为了给对方做心理准备。接下来，要渐渐地转入正题，提出自己的想法，试探对方的态度。最后，等到时机成熟，就要明确说出要求，也得到对方的准确答复。为了促使对方下定决心给予我们帮助，在以情动人的同时，我们还可以允诺将会给予对方怎样的回报。虽然对方帮助我们不一定是为了得到回报，但是承诺能够表明我们的感恩之心和态度，对于激发对方的善意是很有效果的。

做到这三点，如果对方答应慷慨相助，我们就可以达成目的。如果对方还是很为难，那么我们就没有必要强人所难。毕竟很多需要帮忙的事情是有难度的，如果对方想帮忙，却心有余而力不足，或者有其他的原因导致不能帮忙，我们切勿抱怨和责怪对方，而是依然要真诚地感谢对方。俗话说，家家都有本难念的经，人人也都有无能为力的事情，我们要以宽容自己的心去宽容和理解他人，即使得不到帮助，也不能因此而失去一个朋友。

说什么不重要，怎么说最重要

说话的内容重要，还是形式重要？如果相差悬殊，当然内容会起到决定性作用，直接影响听话者的反应。而如果内容相差无几，那么说话的形式就会显得更加重要。这是因为哪怕是同样的话，换作不同的表达方式说出来，所发挥的作用也是不同的。不同的说话方式，往往会取得不同的结果。作为大格局者一定要牢牢记住这一点，这样才能在说话的时候讲究措辞，把话说得悦耳动听，打动人心。尤其是在说服他人的时候，大道理也许被说服者本身就懂，只是他们别不过心里的劲。怎样才能运用语言的力量帮助被说服者解开心中的疙瘩，这正是考验说服者功力的时候。

有很多说服者太过看重说话的内容，而忽略了表达的形式，还美其名曰自己是"话糙理不糙"。的确，你说的道理是正确的，但是，你说出来的话很难入耳，这种情况下，别人怎么会认真倾听你，并且信服你呢？再也不要拿"话糙理不糙"当自己不善表达的借口，而是要花费更多的时间去提升语言表达能力，这样才能让语言具有更强大的力量，这是说服的关键所在。

街面上有两家相邻的宾馆，都是同时期装修开业的，硬件不相上下，按说生意也应该同样火爆。然而，经过一年多之后，第一家宾馆的生意越来越好，而第二家宾馆却门可罗雀，生意冷清。这是为什么呢？第二家宾馆的老板几次三番地打听第一家的经营之道，甚至不惜花费大量的本钱，把床上用品和各种电器都换成和第一家一模一样的，但是生意依然没有好转。

无奈之下，老板只好请了专业的试睡员，让试睡员分别入驻两家宾馆，查找原因。试睡员在每家宾馆都住了三天，也的确发现了两家酒店很多小小的不同，向老板提了出来。在说完这些之后，试睡员说："仅从我个人角度而言，有一个小细节是让我非常不满意的，这虽然不在您的考察范围内，但是我认为应该说出来请您注意一下。"老板迫不及待地想听到真诚的建议和中肯的意见，对试睡员说："您说，您说！我一定改正！"试睡员告诉老板："在第一家宾馆入住，退房的时候，宾馆服务员告诉我'您请稍等，我让服务员上去看看您是否落下了什么东西'。听了这句话，我觉得我应该等待，虽然我知道他们更想去检查各种物品是否完好，但是我心情很愉悦。在你家入住，退房的时候，服务员生硬地对我说'我需要让服务员看看屋子里是否少了东西，才能给你退押金'。瞬间，我觉得自己被人当成了贼，感到很生气。我勉强等了几分钟，离开的时候，想着以后再也不来了。"老板听了试睡员的话，一拍脑门："我说我们怎么没有回头客呢，原来都是这句话惹的祸。"

综合试睡员的意见，老板马上对宾馆进行整改，对服务员进行培训。果然，半年的时间过去了，宾馆的生意越来越好。

一句话的区别，当客人再次住宿的时候，会毫不犹豫地选择了第一家宾馆，而不愿意再被当成贼一样对待。虽然不管采取哪种说法，最终的目的都是一样的，但是同样的内容以不同的方式表达出来，效果就是这样相差悬殊。

　　大格局者不会心思狭隘地揣测他人，而是会站在更高的角度上思考问题，更多地考虑他人的情绪，也照顾到他人的感受。在大格局之下，他们有一颗博大的心，能够接纳和包容更多的人和事，在进行语言表达的时候，也会更用心地权衡不同表达方式所产生的效果。

　　语言的犀利并不代表我们真的强大，相反，那些内心强大的人绝不外强中干，而是会尽量把话说得客气一些，让听话的人心里觉得舒服，也更愿意参与交谈。要想实现这一点，在真正开口说话之前，我们就要多多站在他人的立场和角度思考问题，组织语言，从而把话说得委婉温和，打动人心。

第七章

隐晦拒绝：说话不尴尬、不冷场

　　有些心思狭隘的人，求人的时候卑躬屈膝，拒绝他人的时候却马上换了一副嘴脸，表现出一副高高在上、不可一世的样子。其实，人越是身居高位，越是应该谦逊低调，这样才能彰显出自身优秀的品质。得意不张狂，是做人最根本的底线，否则，谁知道得意之后失意何时到来呢？有大格局者，内心笃定、坦然，说话既不狂妄自大，也不自我贬低。他们与人交谈，会给人留下良好的印象，让交谈既不尴尬，也不冷场。

表达"醉翁之意不在酒"的拒绝

　　和张口求人的难度相比，拒绝他人的难度有过之而无不及。这是因为拒绝的话很难说出口，尤其是在比较熟悉或者有感情基础的人之间，在拒绝的时候一旦把话说错了，就会导致友谊的小船说翻就翻。有些人本身就不善言辞，拒绝更是非常生硬，丝毫不讲究方式方法，很是伤人。如果说拒绝陌生人可以义正词严，那么，拒绝熟悉的人则一定要慎之又慎，不要因为一语不慎就痛失朋友或者友情，那就得不偿失了。

　　在如今这个时代里，个人英雄主义已经不再盛行。不管是在生活中还是在职场上，一个人即使能力再强，也不可能独自处理好所有的问题。现代社会的每个人，都要像一滴水融入大海那样融入人群，与身边的人合作互助，才能获得更好的发展。在拒绝他人之前，大格局者会先想一想拒绝他人要付出的代价。如果有能力帮助他人，当然要真诚地对他人伸出援手，因为向我们求助的人很有可能以前帮助过我们，也很有可能在未来会帮助我们。如果真的没有能力，或者条件不允许，那么，在拒绝他人的时候，一定要讲究方式，不要生硬粗暴，更不要伤害他人的颜面。

　　很多人都不擅长说"不"，这是因为说"不"的确需要很大的勇气，也需要掌握一定的技巧。拒绝不但是一门艺术，还是一门技术，更是一门学问。善于拒绝的人不但具有很强的语言表达能力，而且有素质有涵养，也有大格局，这样才能把拒绝的话说得很恰当，既能表达拒绝的意思，也不至于伤害他人的颜面，还能保持友谊之花常开。

在这个世界上，每个人的脾气秉性都各不相同。有的人性格直爽，不管说什么话都直来直去，即使在拒绝他人的时候，也总是毫无遮掩，让拒绝的话脱口而出。这样的说话风格自己当然会很痛快，却会在无形之中给他人带来伤害。有心理学家经过研究发现，和直言拒绝相比，委婉的拒绝更容易被接受，给人带来的伤害也更小。所以，哪怕你是一个直脾气的人，在拒绝的时候也要慎重思考，选择最恰当的方式，而不要只图一时痛快，就把拒绝的话说出口。等到后悔的时候，才发现说出去的话是无论如何也收不回的，尤其是给他人心中带来的创伤，更是让他人久久不能忘怀。综合以上这些因素，我们可以负责任地说，最高境界的拒绝，是拒绝了他人，却不惹他人恼火，依然与他人维持着深厚的友谊。

小菲在初入公司的时候，非常勤奋，不但把自己分内的工作做得很好，而且每当同事有工作没完成却急着下班时，她都会主动帮忙。渐渐地，办公室里的同事都把小菲当成了"万能型加班王"，孩子过生日让小菲帮忙加班，有同学要一起吃饭让小菲帮忙加班，约会男女朋友让小菲帮忙加班。不知不觉间，小菲已经进入公司三年了，在这三年里，小菲在工作上表现突出，在生活中还交往了一个男朋友，感情进展非常顺利，眼下正在谈婚论嫁呢！

一天下午，还有半个小时就要下班了，马姐在办公室里大声抱怨道："哎呀，每天都有堆积如山的工作，我已经腰酸背痛了还没做完。今晚，同学要来我家做客，这可怎么办呢！"马姐一边说，一边把目光投向小菲。小菲满怀同情地对马姐说："同学要去家里做客啊，马姐，那你可得准备丰盛的美食，还得陪着同学喝几杯吧！可惜，我今天约了去见未来的公婆。大家都说婆媳关系难处，我一下班就得去买礼物，还得比约定的时间早一些到达，否则给未来婆婆留下不好的印象，以后就麻烦了。"听了小菲的话，马姐对小菲的请求已经到了嘴边，又生生地咽了下去。

每一个老好人都深知拒绝之苦，因为那些被帮助的人已经习惯了很容易就得到帮助。一旦遭遇拒绝，他们就会对老好人非常不满。为了防患于未然，大格局者在初入职场的时候，不会给自己定下当老好人的基调。当然，对于那些已经给同事们留下"老好人"印象的人，接下来要做的就是学会巧妙拒绝，维持同事情谊。上述事例中，小菲的拒绝就很巧妙，也起到很好的效果。她看到马姐需要帮助，赶紧先说明自己的情况，即要去拜见准公婆，一下班就要去买礼物，还不能迟到。这样一来，就算马姐再迫切需要得到帮助，也不好意思对小菲张口。小菲也正好借此机会宣布了自己已经恋爱、即将结婚的消息，相信即使其他同事需要帮助，也不会再毫无顾忌地向小菲寻求帮助。毕竟小菲不再是单身，又要筹备婚礼，需要处理的事情很多，时间是非常宝贵的。

每个人都有自尊心，在拒绝他人的时候，大格局者不但会考虑到自身的情况，也会顾及他人的情绪和感受，绝不会为了说"不"就伤害他人的颜面，招致他人的反感和憎恨。拒绝他人，可以委婉隐晦，可以贬低自己，可以摆明自己的实际困难，也可以说说自己的糗事，让对方收回请求。总之，拒绝可以采取的方式很多，根据不同的拒绝对象和需要拒绝的事情，我们可以采取最适宜的方式拒绝他人。一定要记住，切勿一张口就说"不"，这会使人感觉我们在不假思索地拒绝他人，会很严重地伤害我们与他人之间的感情。

如果尝试了很多种方法都不能友好拒绝，还有最后的绝招——拖延。例如，一个你不太喜欢的男孩约你去看电影，你可以借口说要加班没时间。当男孩约了你三次，你都以各种理由推辞的时候，男孩就算再迟钝，也一定会知道你的本意是拒绝他。从始至终，你并没有把拒绝的话说出口，却让对方了解了你的心意。当然，天下之大，无奇不有，也不乏有的男孩实在太喜欢你，会继续假装糊涂来约你，那么，在拖延失效之后，你可以把拒绝之意明确地表达出来，以免对方对你产生误解，误以为你是真的没时间才拒绝他的，实际上对他还是很有好感的。感情的问题一定要说明白，切勿稀里糊涂。当然，不管采取哪种方式，都要想好措辞，以维护他人颜面为原则，让拒绝和平进行。

温柔表达自己的不满

　　曾经有记者采访一对走过金婚的夫妻，问他们是如何做到举案齐眉、相濡以沫的。出乎记者的预料，这对夫妻并没有夫妻相处的金科玉律可以分享，丈夫更是直接说秘诀只有一个，那就是——忍。在这个世界上，有的夫妻情比金坚，哪怕家庭遭遇了突如其来的变故，他们也会不离不弃守护在另一半的身旁。也有人说，夫妻好比同林鸟，大难来临各自飞。其实，夫妻关系也需要经营的。热恋阶段，不管是男人还是女人都很容易被爱情冲昏头脑，误以为只要有爱情，就能创造奇迹，就能把日子过好。等到爱情退烧，恋爱时期的浪漫归于平淡无奇、非常琐碎的生活，考验情侣们的时刻才真正到来。

　　夫妻没有血缘关系，只有少部分夫妻是两小无猜的缘分，在很小的时候就认识，一起成长。大多数夫妻是长大成人后才在奇妙的缘分作用下相识相知相恋的。然而，恋爱的人眼睛里就像蒙着一层纱，看向所爱之人后，这层纱会过滤掉缺点，只留下优点。等到真正走入柴米油盐酱醋茶的生活，才知道原来婚姻这么琐碎且复杂。两个原本互不相识的人经过短暂的了解，就要在同一个屋檐下生活，难免会有各种各样的摩擦、矛盾和纷争。有些夫妻越是深入了解，越是容易产生各种不满，不由得感慨：曾经那个令我心动的人哪里去了，为何眼前的这个人如此陌生和不堪呢！说来也奇怪，从相看两欢喜，到相看两生厌，竟然这么容易。

　　有的夫妻结婚之后，原本的柔情蜜意全都消失不见了，剩下的只有对彼此的不满。现代社会，很多夫妻都以性格不合为由离婚，让人感到费解：恋爱的时候，不知道性格不合吗？其实，大多数夫妻婚姻走向尽头的根本原因，是他们在生活的琐事中失去了爱的能力。尤其是很多人在对对方有不满的情况下，会把不满压抑在心中，而不会主动地说出来。缺乏沟通，是导致爱情快速衰亡的根本原因。一定要认识到积极沟通的重要性，而且在表达不满的时候讲究方式方法，让沟通起到最佳的作用。否则，过激的沟通方式很容易引发争吵，而争吵就像是婚姻的侵蚀剂，会导致婚姻失去活力和生机。

瑞秋正在和丈夫冷战，根本原因在于，丈夫在工作上出了些问题，导致家里的经济压力一下子全都压在瑞秋一个人身上。瑞秋的薪水并不高，想要养活全家人是很困难的，所以，她每个月都要动用为数不多的积蓄贴补家庭开销。随着积蓄越来越少，她与丈夫的关系也变得剑拔弩张起来。

结婚十几年来，丈夫并没有什么改变，不管是对瑞秋的感情，还是在工作上的表现。但是，丈夫已经四十岁了，如果再不寻求改变和进步，未来堪忧。瑞秋一边努力工作，一边紧张焦虑，想出各种办法试图帮助丈夫打破困局。但是丈夫显然不那么着急，他隔几天才会出门面试，不面试的日子里，就心安理得待在家里看电视、玩游戏。

有一天，瑞秋加班到很晚才回家，发现丈夫和孩子都已经吃了外卖，根本没有人为她准备晚餐。这个导火索使瑞秋当即爆发，指着丈夫的鼻子骂道："你是个废物吗？饭也不会做。哦，你是个饭桶，只会吃。你就这样一天天闲在家里，此前的十几年里没有任何成长，所以你已经四十岁了，面对失业还和二十几岁的毛小子一样手足无措，没有任何资本去找更好的工作，甚至连更差的工作也找不到。你指望谁养着你呢？想当小白脸靠着女人而活吗？"瑞秋这番话说得很重，一直以来对丈夫的不满堆积到此刻全都爆发出来，就像一个炸弹一样炸得家里鸡飞狗跳。本来丈夫因为失业还对家庭和瑞秋感到愧疚，在瑞秋的怒骂之下，他气得脸色发白，当即对瑞秋说："看不惯了，是吧！你过不下去可以选择离婚啊，没有人赖着你！"一场家庭大战一触即发，这一切都是因为瑞秋冲动之下口无遮拦说出的话。孩子号啕大哭，既不想失去爸爸，也不想失去妈妈，瑞秋这才意识到自己并没有选择正确的方式解决问题。

夫妻之间如果缺乏沟通，矛盾就会增长。一个小小的不满并不能招致严重的后果，但如果大量的不满积压起来，就会由量变引起质变。很多夫妻之所以因为小小的不满导致严重的后果，就是因为他们没有及时针对不满进行沟通，也没有以正确的方式说出不满，更没有彻底消除不满。一个人不可能始终对另一个人感到非常满意，哪怕是彼此相爱的夫妻也会在生活中或多或少有各种各样的摩擦。要想让婚姻生活更加顺利，就要以良好的方式进行有效的沟通，具体需要注意以下几点。

首先，要温柔地表达不满，目的在于提醒对方应当做得更好，而不要总是责备和批评对方。每个人都会站在自己的角度思考问题，不知不觉中就带着主观思想评价很多事情，也强求他人要达到自己的标准。一定要温柔地表达自己的不满，因为你未必始终都是正确的。与其因为恶劣的态度导致一切都无法协调和回转，不如态度温柔，这样也可以给自己和他人更大的空间。其次，不要总是抱怨他人凡事都不听自己的。没有谁必须听从谁的话，人人都是独立且与众不同的，都有自己的思想和想法，我们既不能盲目服从他人，随波逐流，也不要当霸主，总是要求他人顺从自己。最后，尤其是夫妻之间，往往有着深厚的感情基础，在发现问题的时候，一定要本着圆满解决问题的原则，努力沟通与协商，而不要动辄就威胁他人，说出那些决绝和极端的话来。没有谁是被吓大的，一旦威胁失去效力，沟通就会彻底陷入困境。夫妻之间，不能伤害的是感情，有些女性朋友动辄以离婚作为要挟，嘴上经常喊着离婚，实际上心里只是想吓唬对方，一旦对方同意离婚就会骑虎难下。

夫妻之间的相处需要彼此用心地付出，而不要在争吵发生的时候只知道以愤怒和冲动来面对，让问题变得更加糟糕。爱情，本就是温柔的和风细雨，我们不管怎样，也不要让婚姻变成狂风骤雨的模式。否则，夫妻在婚姻中失去了耐心，未来的相处会变得更加困难，感情也会受到伤害。有些人误以为凶悍才是力量，实际上，温柔是比凶悍更伟大的力量，还能使夫妻之间增进感情，何乐而不为呢？当然，温柔不但适用于夫妻关系，也适用于普通的人际关系。大格局者知道，要想与他人之间形成良好的关系，就一定要温柔地沟通，说出不满，解决问题。

巧妙说"不"

拒绝他人总是很难的，说"不"不但会让他人尴尬和难堪，更会让我们感到非常为难。在说"不"之前，很多人都会陷入进退两难的状态：接受别人的请求会让自己为难，而拒绝别人的请求，则又有可能让他人尴尬，伤害与他人之间的关系。这可如何是好呢？如果你的确有能力帮忙，那么勉为其难地接受他人的请求还可以做到；如果你真的是心有余而力不足，根本没有能力兑现承诺，那么，勉强接受他人的请求只会让你食言，甚至还会遭到他人的埋怨。从这一点来看，接受他人请求一定要以实力为基础。说"不"尽管很难，却要坚持原则，而不要一时冲动或者碍于面子就不自量力地勉强自己。

生活中，在很多情况下，都需要我们说"不"：面对上司安排的、难度超级大的工作任务，我们需要说"不"；面对他人的无理要求，我们需要说"不"……做人固然要慷慨地帮助他人，也要学会拒绝。这样一则是对自己负责，二则是不能延误他人的重要事情。否则，如果接受了他人的请求后又发现自己根本做不到，不能兑现承诺，只会比直接拒绝他人更加被动，也会招致他人更大的不满。这是因为在等待的过程中，他人寄予了很大的希望去期待，所以会感受到更大的失望，使内心受到伤害。

说"不"，可以借助于他人之口，这样一来就避免了我们的尴尬，也可以更好地保护被拒绝者的颜面，不至于让被拒绝者丢了面子。那么，借谁的口去拒绝呢？这个人可以是真实存在的，也可以是你虚构出来的，只要能够很好地帮助你缓解当面拒绝的尴尬，就可以让拒绝起到预期的效果。

周一中午，王楠借着午休时间在办公室里推销自家产的绿茶。王楠吆喝道："同事们，有喜欢喝茶的，或者有亲戚朋友喜欢喝茶的，都来我这里购买哈。保证物美价廉，明前茶，只要八百八十元一斤，市场上同等品质的茶是至少一千元一斤的。"有几个同事爱喝绿茶，不过他们还从未喝过这么贵的茶叶呢，就纷纷问王楠："有没有便宜点儿的茶叶，这么贵的喝不起啊！"王楠说："便宜的要等过了清明节，大概两三百一斤吧，普通的绿茶，品质也是很好的。"

看到盈盈丝毫没有表现出兴趣，王楠专程去和盈盈搭讪，说："盈盈，我给你冲泡一杯吧，你先尝尝。"盈盈赶紧说："亲爱的，谢谢你，不过我不能喝茶。"王楠很惊讶："为什么呢？喝绿茶很好的呀！"盈盈说："我知道，绿茶是健康饮品。但是我有轻度胃溃疡，医生说我不能喝茶，否则对胃不好。"听到盈盈这么说，王楠也就不好再继续向盈盈推销绿茶了。

盈盈借助于医生的口对王楠说"不"。众所周知，医生是身体健康领域的权威人士，而且盈盈还说自己有轻度胃溃疡，这样就把王楠彻底拒绝了。相信以后不管有什么价位的茶叶，王楠都不会再向盈盈推销。盈盈的拒绝艺术很高超，既实现了拒绝的目的，也表明了自己有充分的理由不喝茶，因而很好地维护了与王楠之间的同事情谊，还照顾到了王楠的面子。

需要注意的是，在拒绝熟悉的人的时候，采取假借他人之口进行拒绝的方式，一定要找被拒绝者不认识的人。否则，如果被拒绝者和你借口的人很熟悉，那么，当他们在一起沟通的时候，无意间就会揭穿真相，这将会导致被拒绝者对你满腹牢骚和意见。如果面对陌生人进行拒绝，则寻找某个人当借口就相对容易，因为被拒绝者并不认识你所借口的人，也就无法去查证和验明真相。很多被拒绝者其实知道你只是假借他人之口拒绝，为了保护双方的颜面，他们会就坡下驴，而不会继续纠缠。

学会拒绝，对于每个人都很重要，不但可以根据自身的能力来接受合理的任务、请求和安排，也可以在拒绝的同时维护他人的颜面，保护他人的尊严，还有助于保持彼此之间的良好关系和深厚情谊，可谓一举数得。大格局者一定不会直截了当、不顾情面地拒绝他人，而是巧妙说"不"。

如何回答面试官的隐私提问

生活中，我们常常会遇到让自己尴尬的提问，面对这些提问，是一口回绝，委婉拒绝，还是以巧妙的方式进行回答呢？这要根据提问者的初衷与目的，也根据提问时的情境来进行回答。如果是在私底下和关系要好的朋友交谈，面对对方出于真心关切的提问，我们可以酌情回答。如果是在公开的场合被别有用心者故意刁难，则可以以巧妙的方式表达拒绝之意，也把皮球踢给对方去回答。如果是在公开场合，提问者是我们的上司、长辈、面试官的时候，我们很想给对方留下良好的印象，那么就要多多用心，选择适宜的方式进行回答，既不能生硬拒绝，也要保护好自己的颜面和隐私，这显然难度很大。

曾经有一家知名网站针对面试者的隐私问题进行调查，发现大多数的面试者最不喜欢回答的问题就是"在上一家公司的薪资水平""如今的婚育状况"等。他们都不喜欢回答第一个问题，更多的女性面试者不喜欢回答第二个问题，因为如今还是有很多单位存在歧视女性的情况。那么，面对这些面试中的隐私问题，如何回答才能既让面试官满意，也保护自己的合法权益呢？

从保护面试者隐私的角度而言，面试官的很多问题其实已经侵犯了面试者的隐私，有些面试者直截了当、义正词严地拒绝回答，使面试官很不满意，结果失去工作的机会。也有的面试者采取适宜的方式回答，最终很好地保护了自己的隐私，也因为不卑不亢的表现而获得了工作，可谓两全其美。面试官为何要询问这些隐私问题呢？有的面试官是想窥探求职者的隐私，有的面试官是想借此机会考察求职者的应变能力，也有的面试官是想了解求职者的生活，看看是否适合岗位的需要。作为求职者，要分析面试官询问隐私问题的原因，这样才能更好地回答问题。所有的用人单位都有一个原则，那就是希望职员能够稳定踏实地对待工作。求职者在回答问题的时候，不管采取怎样的方式，都要给面试者吃下定心丸，让面试者相信求职者是会努力认真、脚踏实地工作的，就能给自己加分。

最近，已经辞职的宋凯正在投递简历，参加面试，寻找新工作。对于面试，宋凯还是挺发怵的，因为很多面试官都喜欢哪壶不开提哪壶，他们频繁地询问宋凯为何辞职，是否对上一家的薪酬不满意。对于面试官的问题，一开始宋凯不知道如何回答，总是支支吾吾的，说不出个所以然来。随着面试的次数越来越多，宋凯意识到必须回答好类似的问题，才能为自己加分，让自己更顺利地找到合适的工作。

一次面试中，面试官又提出了上述问题，宋凯想来想去，对面试官说："其实，我觉得薪资并不是我选择一份工作最重要的原因。当然，每个人都要活着，在现代社会生存，没有钱是万万不行的，我们必须先养活自己，才能求得发展。在保证生存的基础上，我想看得更远，看到未来的职业发展前景，拥有更大的舞台实现自己的人生价值，证明自己存在的意义，也想为社会作出一些贡献，这才是最重要的。当我实现这些目标的时候，相信我的生存质量和生活品质都会大大提升。"面试官以赞许的目光看着宋凯，忍不住微微点头。最终，宋凯顺利地获得了这份工作。

宋凯回答得很好。他没有说自己不在乎挣多少钱，给面试官留下虚伪的印象，而是陈述了一个事实，即每个人要想更好地生存和发展，必须有金钱作为支撑。他很巧妙地回答，在保证生存的基础上，他更看重公司提供的平台和长远的发展前景，这样一来，就把薪资和发展融合起来，就把短期目标和长期目标统一起来，所以，他才能如愿以偿地获得这份工作。

隐私问题向来是很难回答的，因为一旦回答不恰当，就会把生活和工作对立起来。实际上，生活与工作并非是相互对立的关系，而是应该能够相互促进发展的。一个人并不是要工作就必须忽略生活，也不是重视生活就无法处理好工作。很多人生赢家都能把生活与工作的关系处理和平衡得很好，大格局者更是有良好的人生规划，把生活与工作放在天平的两端，以生活保证工作，也以工作提升生活，这才是人生中最理想的状态。

以不伤感情的方式谈钱

在传统观念的影响下，很多求职者都不好意思和面试官谈钱，他们总觉得谈钱很俗气，而且还会伤感情。其实不然。在现代社会中，一个人没有钱是无法生存的，做什么事情都需要有财力的支撑。不得不说，虽然钱不是万能的，但是没有钱确实是万万不能的。毕竟生存是基础，只有在保证生存的前提下，我们才能发展和进步。作为求职者，首先要有大格局，摆正心态，不要觉得自己找工作是处于劣势的一方，也不要觉得谈钱会让自己掉价，给面试官留下不好的印象。对于每一位求职者而言，面临的首要问题就是赚钱养活自己，接下来才能有机会去实现理想。求职者不要羞于谈钱，而是要端正心态，摆正位置，可以名正言顺地告诉面试官"我工作是为了赚钱，然后才是发展"的观点。

谈钱固然是理直气壮的，却也要讲究方式方法，切勿给面试官留下"这个求职者钻到钱眼里了，为了钱不择手段"的印象。在面试的过程中，薪酬问题始终是一个非常敏感且吸引各方关注的问题。作为面试者，要给求职者提供合理的薪资，作为求职者，则希望争取到更高的薪水，提升自己的生存质量。这样一来，面试官和求职者之间无形之中就因为薪资问题处于微妙的对立状态。求职者提起薪资问题的时候必须讲究方式方法，而不要过于莽撞，避免与面试官原本还算愉悦的交谈陷入尴尬境地。

一般情况下，面试官在面试中占据主导地位，会率先发问，询问求职者："你期望的薪资是多少？"对于这个问题，求职者往往不知道如何回答，既害怕把薪资水平说得太低让自己吃亏，又担心把薪资水平说得太高引起面试官不满。为了避免这种情况出现，在面试之前最好对该公司的薪资水平进行大概的了解，这样就可以让自己说出的薪资水平更加接近该公司的实际水平。当然，为了最大限度地争取利益，可以把预期的薪资水平说得比该公司的实际薪资水平更高一些，这样才能提升面试官确定薪资的水平，也才能给自己留下讨价还价的空间。

不管以怎样迂回曲折的方式，对于薪资的期望值是求职者必须回答的。为了避免把话说得太过绝对而失去工作的机会，求职者还可以给出一个范围区间，从而引导面试者在这个范围区间内波动，给出求职者期望得到的薪资。当然，也有一些面试官因为权力有限，或者比较强势，对于自己给出的薪资水平往往不会再商量。在这种情况下，求职者如何回答，就需要根据实际情况来衡量。如果求职者对于这份工作并不十分满意，那么可以表示拒绝。反之，如果求职者对于这份工作很满意，特别想得到工作机会，那么可以先进行铺垫，为日后申请加薪做准备："现在公司还不了解我，我相信等我加入公司，有优秀的表现，公司一定会根据我的表现给我合理的报酬。我很愿意先加入公司，以实力证明自己的价值。"这么说完，面试官自然会对你刮目相看，也知道你是一个有大格局且目光长远的人。除了这两种情况之外，还有一种情况，即求职者除了这份工作没有更好的选择，那么，也可以如上所说，先工作，以实力证明自己，在体现自己的价值后，再申请升职加薪，自然可以得到上司的认可和赏识。

在面试的时候，求职者就像是卖家，而面试官就像是买家。俗话说，买卖两个心眼，卖的人希望商品值更多的钱，而买的人则希望商品物美价廉，有超高的性价比。在这样微妙的对立关系之中，求职者一定要有大格局，把目光放长远些，而不要因为薪资的不如意就失去一份很好的工作。也许求职者觉得自己能力很强，是真正的人才，但是面试官并不真正了解求职者，也还没有验证求职者的真实能力和水平。在这种情况下，求职者强求面试官必须认可自己，而且为自己支付高昂的薪水，显然是不现实的。在综合各方面条件都还不错的情况下，何不委婉讨论薪资问题，给自己一个机会呢？

适时沉默，让他人心知肚明

生活中，需要我们拒绝的事情很多，例如，面对他人提出的尴尬问题，面对他人的无理要求，面对他人的咄咄逼人，我们都需要拒绝。如何拒绝，是一门学问，也是一门艺术，还体现了一个人的涵养。拒绝的方式有很多种，前面我们已经进行了探讨，接下来要说的拒绝方式是最简单的，效果也很微妙。这种方式并不难学，大格局者一定要掌握，因为这种拒绝方式更能够表现出人的素质涵养与胸怀气度。这种拒绝的巧妙之处就在于沉默。

很多人误以为真正的健谈者一定是那些侃侃而谈的人，实际上，沟通总是从倾听开始的。在倾听的过程中，我们要适时保持沉默，在恰到好处的时候给予他人以回应，这样的倾听是认真用心的，也能够激发他人的谈兴，给他人留下良好的印象。除了倾听的时候需要沉默，以表示对他人的尊重和接纳之外，在想要拒绝的时候，我们也可以适时沉默，表明自己的态度，让他人对于我们的态度心知肚明。

在办公室里，阮阮总是沉默寡言，很少说话。她对待工作很认真，当其他同事闲谈的时候，她就埋头工作。虽然她话不多，却因为在工作上的出色表现，得到了上司的认可和赞赏。上司很器重阮阮，每当有重要的工作都会安排给阮阮去做。渐渐地，另一个女孩张默开始嫉妒阮阮。张默人不如其名，虽然叫默，却很爱说话，是办公室里出了名的"小喇叭"，而且生性好斗，不管做什么事情都喜欢争抢着出风头。

　　这一天，有个文件需要完成，一个人做需要两天，而两个人做则只需要一天。上司很着急用这份文件，就把文件一分为二交给阮阮和张默合力完成。整整一天，阮阮都在认真工作，张默时不时地就会闲谈。到了傍晚时分，她们在约定的时间把文件发给上司，不到半个小时，上司就气鼓鼓地来找张默："你怎么回事，文件做得错误百出，我还千叮咛万嘱咐让你认真呢！你看看阮阮，她的文件做完肯定检查过，连一个标点符号都没有错。你怎么就不能向阮阮学习呢！"看到上司气势汹汹，把张默骂得很惨，阮阮赶紧打圆场："领导，我来把张默的也检查下吧，正好我今天下班还有其他工作需要做，就一起做了。"上司这才消气，把张默负责的那部分文件发给阮阮。原本，阮阮是好心帮助张默，没想到张默怒火中烧，上司才刚走，她就对阮阮发动攻击："你装什么好人，我自己不会检查吗，用你装好人！你呀，就是个马屁精！"阮阮微笑着看着张默，一声不吭。张默一开始还叫嚣得厉害，后来发觉自己的力气都如同打在棉花上一样，绵软无力，就偃旗息鼓了。

　　如果阮阮和张默针锋相对，那么，张默恰好借此机会和阮阮大吵一架，把平日里对阮阮的不满全都发泄出来。但是阮阮没有这么做，她有大格局，知道不能与张默争吵，因而采取了沉默的方式，回应张默过激的语言。在这场争吵中，张默就像是在唱独角戏，唱着唱着，觉得没有意思，就只能默默地收场。

　　生活中，有很多人都不懂得拒绝，采取不适宜的方式应对他人，结果导致陷入矛盾和纷争之中无法自拔。实际上，有很多问题都是含糊的，并没有一个非对即错的判断，也没有一个非黑即白的结果。越是对于那些容易引起矛盾和争辩的问题，我们越是要适时保持沉默。沉默是一种无声的回应，也是一种果断的拒绝。争吵也是沟通的一种，必须有来有往才能继续下去，而沉默则让争吵中断，也让主动发起语言攻击的一方陷入无奈之中，只好默然收兵。有的时候，我们不知道该如何回应他人，又担心自己不合时宜的回应会激怒他人，也可以选择沉默。

沉默是最好的拒绝，能够代替语言，起到"此时无声胜有声"的效果。当然，沉默并非适用于所有的情况，面对他人的咄咄逼人，或者无理要求，我们理应以准确清晰的语言表达拒绝之意。这样就能让他人知道我们的心意，不会继续纠缠我们。大格局者知道某一种拒绝方式并不能适用于所有的情况，只有因人而异，因时而异，因地而异，才能选择最合适的方式表达拒绝之意，也保证拒绝产生最好的效果。

第八章

忠言顺耳：言语谦和不伤人

一直以来，那些没有情商、没有格局、说话难听的人，都以"忠言逆耳"来自我安慰，也作为自己言语粗俗的遮羞布。实际上，言语粗俗不但说明一个人驾驭语言的能力很弱，更说明一个人的内心不够高雅和宽容。大格局者深谙一个道理——语言是思想的外衣，所以，他们不管什么时候，说话都很谦虚低调，宽容和善，而很少以语言作为锋利的武器去刺伤他人的心。

先反思自己，再批评他人

很多人在批评他人的时候，总是以一副居高临下的态度，以为自己全都是对的，在批评他人的时候丝毫不留情面。每个人都有自尊心，如果批评不讲究方式方法，很容易伤害被批评者，甚至激发起被批评者的逆反心理。大格局者始终牢记批评的目的，是为了让对方意识到所犯的错误，也能够积极地改正错误，而不是把批评者的负面情绪发泄在被批评者身上，让被批评者更加叛逆。基于这一点，大格局者往往会思考怎样的批评方法更好，更有效果。

对于批评而言，过程固然重要，但结果更为重要。批评有效果，才是有意义的，否则，就只是情绪的波动和语言的肆意放纵而已。有些人在批评他人的时候，总是长篇大论，恨不得把一生需要用到的道理都告诉他人。殊不知，人的专注力保持时间有限，尤其是在被批评的时候，出于自我保护的本能，人往往会情不自禁地屏蔽掉那些刺耳的话。英国大名鼎鼎的行为学家波特曾经说过，当批评的时间持续很长，往往效果就会很差。这是因为大多数人在听到最初的批评之后，根本无心继续接受批评，而是忙着搜肠刮肚地找出各种理由，进行反驳。那么，到底如何做，才能让批评不至于引人反感，还能起到最佳的作用和效果呢？这是需要技巧的。

在诸多的批评方法中，最平和且效果非常显著的一种方式是，先进行自我反思、自我批评，然后再批评他人。面对一个喋喋不休地批评自己的人，人们很难耐心倾听，而面对一个真诚地反思自己的错误，并表现出悔改意愿的人，人们往往会更加同情，也会欣赏这样的自我反省态度。最重要的是，当批评者先进行严厉的自我批评，被批评者会更容易接受批评者的批评，因为他们亲眼见证了批评者是如何批评自己的，对于批评者的批评和否定，必然怀着更加理解和包容的态度。由此，被批评者不会觉得丢了面子，而会认为在场的人是平等的，都在接受批评，都在进行反思和改正。

作为长辈或者上司，在批评晚辈或者下属的时候，如果能先反思自己，把自己曾经犯下的错误说出来，就会让被批评者对他们更加信服和尊重。人人都会犯错误，人人也都在反思错误。有些人为了维护自己的权威，总是把自己塑造成神一样的存在，实际上，这只能使人感到不真实，而不能真正树立威信。大格局者都是很有魅力的，一个重要的原因就在于他们很善于一日三省，也很善于主动批评自己，积极地改正错误。他们是真正的强者，敢于否定自己，也敢于在他人面前暴露自己的不足，这让他们显得更加真实可爱，值得敬佩。

最近，小梦在工作上出现了重大失误，原本工作很认真的她因为情绪不好，总是三心二意，频繁出错。上司一开始很理解小梦，也知道小梦还年轻，无法承受这样的打击。但是小梦很长时间都没有从负面情绪中走出来，而且总是垂头丧气，做任何事情都提不起兴致。上司终于忍不住，决定隐晦地批评小梦。她相信响鼓不用重锤，小梦是很聪明的，一定能明白她的意思。

一天中午，上司邀请小梦一起吃午饭。小梦受宠若惊，虽然不想去，但还是接受了上司的邀请，和上司一起去了公司附近一家颇有情调的饭店。上司贴心地提前预定了包间。一开始，小梦很拘谨，也心知肚明自己最近在工作上的表现很糟糕，所以眼神总是犹疑躲闪，不敢直视上司。喝了几杯酒之后，上司对小梦说："小梦，我知道工作上出现失误是很难受的。十年前，我和你一样初入职场，才工作了几个月，就在工作上出现重大失误，给公司造成了十几万块钱的损失。幸运的是，我有一个好领导，领导替我背了黑锅，被降职处分，否则我就会失去工作。从此之后，我非常努力工作，弥补损失，改正过错，最终有了小小的成就，一步一步得以晋升。小梦，你要相信自己，颓废是不能解决问题的，只能使情况更糟糕。只有努力奋发，才能不断地成长和进步。"

小梦听着上司的话，若有所思，有些羞愧。这时，上司继续对小梦说："小梦，你因为工作失误也闹了一段时间了，我认为可以收场了，到此为止，接下来好好工作，开创自己的事业。当你足够优秀，你会发现一切经历都是人生中最宝贵的财富，懂吗？"小梦点点头。她向上司敞开心扉，诉说了自己在工作中的喜怒哀乐，并且表示接下来一定会非常努力，重新开始。

上司非常聪明，她知道直接和小梦说起工作上的失误会让小梦难堪，也会让小梦因为被批评而无地自容。上司牺牲了自己，向小梦说起自己初入职场时摔的跟头，这样一来，小梦意识到原来就像上司这么成功的女性，也是一步一步地坚持进步的，所以，能够采取正确的态度面对工作上的挫折，鼓起勇气继续奋斗和拼搏。

先从自己说起，这是大格局者批评他人屡试不爽的好方法，既能够活跃气氛，拉近与他人之间的距离，也能够感同身受，理解和体贴他人，这显然是非常奏效的。不过，这种方法并非适用于所有的批评。如果有人故意犯错误导致严重的后果，那么，尽可以严厉地进行批评教育，而且必须让他们承担后果。有些人是无心犯错，或者有难言的苦衷，这种情况下，批评要讲究方式方法，更要注重效果。有温度的批评，不至于招致他人的反感，而且效果非常好。

　　和针锋相对的辩论相比，自我批评会给批评开一个好头，也能够奠定批评的基础，保证批评的效果。当然，在自我批评的时候切勿随便捏造自己的糗事，而是要说自己的真实经历，这样与他人分享的感悟才会更加真实可信，打动人心。在选择事例分享的时候，还要根据当下的批评主体进行筛选，而不要随便选择不相干的事例，否则就会给人留下非常突兀的印象，无法起到良好的批评效果。

批评要有分寸，避免口无遮拦

　　很多人都容易情绪激动，尤其是在被他人的错误伤害的情况下，更是怒火中烧，根本无法进行理性的思考和综合的权衡。要想保证批评的效果，我们一定要选择合适的批评方式，而不要总是由着自己的性子，无所顾忌地说出一些过激的话。还记得学生时代写议论文吗？在提出论点之后，我们就要想方设法论证论点的正确性，摆事实，讲道理。批评他人何尝不是在写一篇议论文说服他人呢？由此可见，批评最重要的在于打动人心，不要总是揪住对方的错误不放，说那些泄愤的话，更不要对对方展开人身攻击，肆意地侮辱对方，践踏对方的尊严。否则，只会激起对方的逆反心理，使对方变本加厉，根本不能如愿以偿地说服对方，让对方主动做出改正。

　　大格局者懂得掌握批评的分寸，不管多么生气，他们都不会因为被气昏了头而失去理智。他们深知人非圣贤，每个人都会出于有心或者无意犯各种各样的错误，而且，他们自己也做不到绝对正确。为此，他们会心怀宽容，尽量理解和包容他人，也会想方设法地说服他人，让他人改正错误。这样不偏激、对方不抵触的批评，才能起到最佳的效果。

　　暑假，小林回家度假。一个多月过去，一天傍晚，妈妈回家的时候在门口发现了话费账单。妈妈当即拿出手机准备缴费，这才发现一个月的通信费居然达到了一千多元。以往，每个月才一百块钱左右的电话费。妈妈感到很纳闷，赶紧去查阅了通话账单，这才发现小林打了很多国际长途，其中有一次通话时长达到两个小时。妈妈心疼不已地交了电话费，回到家里，把清单给爸爸看。爸爸看到清单火冒三丈，当即就要去质问小林到底干什么了，花了这么多电话费。然而，爸爸转念一想："此时此刻，我怒火中烧，根本不理智，说不定因为批评不当还会与小林吵架。既然已经发生了这些费用，再批评小林也没有用处，不如和平解决。"

这么想着，已经站起身的爸爸又坐了下来。他忍耐了一整晚，直到次日吃午饭时，才对小林说："小林，你快返校了。在你返校之前，有件事情需要帮爸爸办理一下。"小林不明就里，问："什么事，爸爸？"爸爸漫不经心地说："长途电话费太贵了，你查查，哪一家有比较便宜的套餐，给咱家办理一个，还能省点儿钱。"小林显然没有预料到爸爸会说这件事情，不由得愣住了。这个时候，爸爸赶紧继续说："哦，不过也没必要装。你在读研究生，除了学习还要配合导师做项目，估计开学之后就没有时间打电话了。"小林点点头，说："对不起啊，爸爸，因为我最近做的项目有一定难度，所以，趁着暑假就给国外的同学打电话请教。上个月的电话费一定很贵，让你和妈妈破费了。开学之后，我再有问题，会用邮件的方式和同学沟通。"爸爸欣慰地点点头，说："该打的电话不能少，毕竟要集思广益嘛！"

话不能乱说，尤其是批评的话，一旦不计后果地说出口，就会对他人的内心造成伤害，也会使我们与他人之间的关系变得尴尬。事例中，爸爸非常理智，他在得知儿子打了那么多长途电话的同时，想到自己不能在这样冲动愤怒的状态下与儿子沟通，因而生生地忍耐了一个晚上和一个上午，到了次日中午才心平气和，装作漫不经心的样子和儿子沟通。这样做，把原本难听的批评变了一种方式说出来，充分理解、体谅和信任儿子，也难怪儿子会主动反思自己的错误，向爸爸道歉呢！得知儿子是在打电话向同学请教问题，爸爸更是感到高兴，也很庆幸自己没有不分青红皂白就批评儿子。

有的时候，我们眼睛看到的未必是真相，耳朵听到的也未必是真实的情况。看到他人做出让令人费解的举动，大格局者不会急于批评和否定他人，而是会先保持情绪平静，然后以各种方式去探求真相，了解和理解他人。即便他人真的做得不正确，大格局者也不会盲目地批评，而是会把握好分寸，适度地提醒他人，让他人主动反思和改正错误。

换一种方式，忠言未必逆耳

忠言一定逆耳吗？如果打着为他人好的旗号，说出来的话总是让他人难以接受，那么渐渐地，我们的人缘就会越来越差，在人际交往中也会步履维艰。大格局者知道，要想让批评起到更好的作用和效果，切勿让批评刺耳和扎心。语言具有神奇的魔力，同样的内容，以不同的方式去说，就会起到不同的效果。那么，在说忠言的时候，我们是否可以给忠言包裹上糖衣，让忠言更容易被他人理解和接受呢？与其把人批评得叛逆心起，总是与我们对着干，不如换一种方式即使不能让人心情愉悦，也是有助于他人接受的。

人是感情动物，每个人都有各种各样的情绪，因为正在经历的事情不同，所以，每个人当下的情绪也不同。有的人能够主宰情绪，每当感到愤怒且冲动的时候，他们能够控制情绪，保持理性和冷静。有的人对于情绪的驾驭能力很差，常常会受到情绪的驱使，做出各种失去理性的事情，让那些难听的话毫不迟疑地从嘴里冲出来。心理学家经过研究证实，愤怒的批评效果很差，还有可能导致矛盾激化，与其因为愤怒而导致事态恶化，不如平和耐心地与他人沟通，这样反而会起到更好的效果。

对于那些极具攻击性的批评语言，人们会本能地心生戒备，当批评超出了他们所能承受的范围，他们还会情不自禁地寻找各种理由为自己辩解。这与物极必反是同样的道理。有大格局者绝不会只顾着逞一时口舌之快，就对被批评者进行各种挑剔和苛责，而是会想到被批评者有可能感到羞辱和愤怒，便会为此奋起反抗。正是因为如此，他们才会尽量和颜悦色地与被批评者沟通，争取和平解决问题。

　　大刘和小刘是堂兄弟，他们都在北京打拼，虽然在同一个城市里，但是因为平日里各自忙于生活和工作，所以难得一聚。最近，小刘的妈妈来了。大刘听说婶子来了，赶紧张罗着请婶子吃饭。陪同的还有小刘一家三口，饭局上大家很愉快地交谈，其乐融融。饭局结束，大刘邀请小刘全家和婶子都去自己家里坐一坐，认认门。原来，小刘一直是租房子住，而大刘前几年买了房子，已经在城市里正式安家了。婶子盛情难却，也的确想看看大刘买的房子，就接受了邀请。

　　回到家里，大刘打开门，邀请婶子和小刘全家进入。正当大家往房间里走的时候，小刘家的孩子晨曦已经穿着鞋子踩着沙发飞到了大刘的床上。大刘媳妇脸色陡变，虽然是夏天，床上铺着凉席，但是也不能穿着鞋子上床啊。看着晨曦在床上蹦蹦跳跳，欢乐无比，大刘媳妇几次三番地欲言又止，而小刘估计已经习惯了孩子这样的行为，完全视若无睹。思来想去，大刘媳妇想出了一个好办法，她赶紧去厨房切了一个大西瓜，端出来给大家吃，借此机会冲着晨曦喊道："晨曦，你该回到'地球'上来吃西瓜啦！"这个时候，小刘才意识到晨曦穿着鞋子上了床，赶紧把晨曦从床上抱下来，吃完西瓜之后，小刘带着全家告辞了。

　　如果大刘媳妇直接板着脸批评晨曦"晨曦，快下来，怎么能穿着鞋子上床呢"，一定会让小刘很尴尬，也让婶子坐不住。既要招待好客人，又要赶紧把孩子从床上弄下来，对于大刘媳妇而言，这是个挑战。她是一个识大体的媳妇，知道宁可在孩子走了之后打扫卫生，也不能当场就让大家下不来台。最终，她以幽默的方式提醒孩子回到"地球"上，也间接地提醒小刘注意到孩子的表现，从而达到了目的，也维持了大家的颜面。

很多批评之所以令人不快，是因为批评者的声色俱厉很容易让被批评者产生对立情绪，非但不能接受批评，反而产生逆反心理，故意与批评者对着干。这当然不是批评的目的，更不是批评的初衷。大格局者始终牢记批评的目的，知道要想让批评有效果，首先要消除被批评者的对立情绪。为此，他们采取各种委婉的方式表达不满，甚至还会发挥幽默的能力，创造搞笑的效果。当交谈的气氛融洽轻松，批评自然能够起到更好的效果。

既然知道忠言逆耳，大格局者就要给忠言穿上衣服，包装忠言，让忠言不那么逆耳，也同样起到良好的效果。我们既要讲究说话的方式，也要讲究说话的语调，还要注意精炼语言，否则喋喋不休的批评只会引起超限效应，使得批评起到相反的效果。相信大格局者一定能够周全地考虑问题，让批评起到良好的综合效果，而不会顾此失彼，让批评事与愿违。

批评要对事不对人

很多父母都知道，在批评教育孩子的时候，要针对具体的事情发表意见和观点，而不要给孩子贴负面标签，否则对于孩子的成长是非常不利的。这是因为负面标签会让孩子认定自己就是怎样的人，而变得自暴自弃，破罐子破摔。从人格的角度而言，父母给孩子贴上负面标签，是在攻击和贬损孩子的人格。在这个世界上，每个人都会犯错误，真正无所不能、始终正确的人是根本不存在的。既然我们不能保证自己任何时候都是对的，绝对不会犯任何错误，那么，又何必去苛求别人完美无瑕呢！这样的要求是强人所难，也是根本不可能实现的。

大格局者有开阔的胸怀，也有宽容的态度，面对他人犯错，他们不会在一时之间就被气愤冲昏头脑，而是能够理性思考，想一想他人为何犯错，这么做的初衷是什么，到底是好心还是恶意，从而进行综合的权衡和分析。唯有这么做，才能避免气愤过头，无法做出理性的判断，也才能针对具体的事情进行分析和考量，而不会在情急之下就把所有的愤怒都不合时宜地发泄出来，没有限度地攻击他人。

对事不对人地批评，就事论事地分析，是一种涵养，也是好人品的表现。生活中，很多人都会把一件小事上升到很高的高度，就是人们常说的一竿子打死。这是是非不分的表现，非常糟糕。举例而言，孩子因为拖延没有完成作业，要告诉孩子"以后必须及时完成作业，珍惜时间"，而不要说孩子"你就是拖延大王，不管做什么事情都拖拖拉拉的"。前一种批评方式下，孩子知道自己哪里做错了，有助于改正，后一种批评方式下，孩子认为自己就是拖延大王，理所当然做什么事情都拖拉，只会导致拖延越来越严重。成人之间在沟通的过程中，更是要讲究批评的方式方法，切勿因为一句话说错，就对他人进行攻击。

季度大会上，阜宁得到了上司的表扬，心情大好。他一路哼着歌回到家里，还买了妻子最爱吃的榴莲。看到阜宁的样子，妻子很奇怪："今天怎么了？太阳从西边出来了吗？"阜宁说："太阳没从西边出来，但是你老公的心情很好！"妻子更加好奇，接连追问，阜宁这才说："我呀，被上司表扬了！那些同事的嘴脸你是没看到，一散会就对我巴结起来，还说我是上司面前的红人，将来前途无量什么的。我心里畅快极了。要知道，上个月开月度会议的时候，我有一项工作出现错误，被上司批评，他们一个个看见我就和看见瘟神一样避之不及！这些人啊，都是马屁精，都是见风使舵的势利小人，简直太无耻了！"

听了阜宁的话，原本笑容满面的妻子突然间严肃起来，对阜宁说："同事势利是必然的，谁都想攀高枝。不过，我倒是觉得你的话说得太重了，他们就算很势利，也不能被说是无耻吧。无耻是品格问题，势利只是人趋利避害的本能在发挥作用。"阜宁被妻子一番劝导，当即承认错误："你说得对，我不应该说他们无耻，应该就事论事，他们就是比较会察言观色而已。"

阜宁因为同事们的察言观色、曲意逢迎，就说同事们是无耻的势利小人，显然言重了。人都有利己的本能，人人都想做对自己有利的事情，而不愿意做对自己有害的事情，这是人之常情。针对同事们的表现，阜宁可以做到心中有数，知道谁是值得深入交往的，谁是只能维持点头之交的即可，而无需把同事们的这种行为上升到人品的高度。

所谓就事论事，就是针对发生的某一件事情进行客观的分析，而不要评价他人的人格品质等。简而言之，就事论事就是针对事实本身进行沟通，尽量保持理性和客观，也尽量避免与他人之间产生矛盾和冲突。就事论事对于大格局者提出了两个方面的要求，一个方面指的是，大格局者在对他人进行批评的时候，要以事实为依据，要多多理解和宽容他人；另一个方面指的是，大格局者在被他人批评的时候，如果他人的批评不够中肯和理性，也要保持宽容的态度，虚心接受，有则改之，无则加勉。

生存在这个世界上，人人都渴望能够融入群体之中，得到他人的尊重、理解和包容。因为每个人的脾气秉性、成长背景、教育经历等都各不相同，因而每个人的敏感度是不同的。有的人生性大大咧咧，什么事情都不放在心上；有的人非常敏感，哪怕是很小的一件事情，也会在他们的内心掀起轩然大波。越是如此，在批评他人的时候，大格局者越是应该从事实出发，把批评的范围尽量缩小，也把批评的话尽量说得委婉动人，这样才能促使他人积极主动地改正错误，提升自我。在批评他人的时候，就事论事是一种涵养，也是一种素质，更是一种语言表达的艺术，还是人与人相处的好方法。只有就事论事，才能把批评给他人带来的伤害降至最低，也只有就事论事，才能指导他人切实有效地解决问题。

多提醒，少批评

在不小心犯错的情况下，你还不知道自己的错误出在哪里，就被上司叫到办公室里，或者当着其他人的面劈头盖脸地一顿数落。这种情况下，你会怎么想，又会怎么做？在愤怒和羞辱的感情中，你几乎不能冷静地思考，你觉得所有人的目光都集中在你的身上，他们正在你的身后指指点点，因此你如芒在背，恨不得找个地缝钻进去，马上逃离这尴尬的境地。与此同时，你的心中也充满了愤怒，甚至还会愤愤不平地想：你有什么了不起，不就是当了个小官吗？当官就可以这样侮辱和诋毁我吗？就可以把我当孙子般地训斥了吗？老子还不伺候你了呢！此处不留爷，自有留爷处。脾气急躁的你会愤然辞职；生性怯懦的你被骂得抬不起头来，对于工作更加漫不经心，只想着一找到好工作就跳槽。批评给你的效果就是如此，很难让你心甘情愿地反思错误，改正错误，反而会激发起你的叛逆心理，使得事情的发展更加糟糕。

大多数人都知道，青春期的孩子正处于人生中的叛逆期，常常会和父母对着干。这样的说法当然没有错，却不够全面。其实，不仅青少年有叛逆心，每个人都有叛逆心。这是因为人的自我保护意识很强，每当面对来自外界的压力或者伤害时，叛逆心马上就会启动，开始发挥作用。在叛逆的心态下，我们无法静下心来认真地反思自己，也无法慎重地考虑自己的错误到底是什么，甚至我们原本已经意识到自己的错误，在批评的强压之下，又会觉得一切问题的产生都是因为批评者不够理解和宽容我们。看看吧，本来还能反思错误的，现在只剩下无理狡辩和推卸责任。

基于这样的心理特点，作为大格局者在批评他人的时候，一定要先进行理性的思考和慎重的权衡，看看自己要怎么去批评他人，才能让他人主动反思错误，认真改正错误。不管是谁犯了错，伤害了我们，我们只靠着发泄情绪是不可能解决问题的，这样只会在愤怒状态下做出失去理智的举动，说出不负责任的气话，导致问题变得越来越复杂和棘手。从被批评者的角度而言，当他被批评者怒声训斥甚至打骂，他心中仅有的一丝丝愧疚就会马上消失，因为他会认为自己已经为错误付出了代价，也接受了惩罚，所以，可以做到与他人互不相欠了。

当参透被批评者的心理状态，作为批评者，我们一定要有大格局，要认识到泄愤不能解决问题。如果真心希望被批评者能够悔改，那么，我们就必须彻底摒弃对被批评者动辄严厉训斥或者打骂的做法，而是要真心劝说被批评者，引导被批评者认识到自己的错误，主动改正。大格局者有耐心，不会忘记批评的目的，会想方设法地帮助批评者改正错误。

最近这段时间，妈妈和乐乐经常爆发冲突。原因就是乐乐写作业拖拖拉拉，明明两个小时就能完成的作业，常常写了三四个小时还没有完成。妈妈是个急脾气，对于乐乐的表现简直忍无可忍，几次三番地批评乐乐，甚至还会和乐乐动手，但是却收效甚微。眼看着一天一小吵，两天一大吵，原本平静和美的家里整天鸡飞狗跳，妈妈感到很无奈，也很焦虑。一个偶然的机会，妈妈把这种情况告诉教育专家，教育专家对妈妈说："你与其批评孩子，挫伤孩子的积极性，不如多多提醒孩子，等到孩子亲身感受到及时完成作业的好处，自然就会主动完成作业。"妈妈没有更好的办法，虽然对教育专家的话半信半疑，却也只能试一试。

当天晚上，乐乐又在一边写作业一边玩，妈妈对乐乐说："乐乐，六点钟要吃饭，你赶得及吗？记得我们的约定哦！"乐乐看了看妈妈，对于妈妈的温柔感到很惊奇，说："知道，写完作业才能吃饭，六点钟来得及！"说完，乐乐就开始埋头写作业，速度明显快了很多。五点半时，妈妈又去提醒乐乐："今天有你爱吃的红烧肉啊！"乐乐一听说有红烧肉吃，更是浑身充满了力量。这一天，乐乐提前十分钟就完成了作业，全家终于有了一个不再鸡飞狗跳的晚餐时光。

晚饭后，乐乐需要完成妈妈布置的课外作业，正常情况下，半个小时就能完成。妈妈同意乐乐在完成作业后，到九点洗漱上床之前，可以看一个小时电视节目。看着乐乐对着课外作业发呆，妈妈继续提醒："你能赶得上八点钟的《我爱发明》节目吗？"乐乐最爱看《我爱发明》，他赶紧看了看闹钟，对妈妈说："才七点一刻，来得及，我马上就写。"就这样，妈妈一直以来的催促变成了对乐乐善意的提醒，看起来，妈妈很希望乐乐能够按时吃饭，节省出来时间看喜爱的电视节目。每当被妈妈催促就与妈妈针锋相对的乐乐，整个晚上都没有和妈妈发生冲突，而是很努力积极地完成各种作业。八点钟，乐乐准时坐在电视机前看《我爱发明》，他对妈妈说："妈妈，对不起，我以前写作业太拖拉了，还总是嫌弃你催促我。以后，我要尽量提前完成作业，不再让你操心。"妈妈欣慰极了，说："妈妈也会多多提醒你，帮助你养成好习惯的。"

很多孩子都有拖延症，而且父母越是催促得多，孩子的拖延症也就越严重，这是为什么呢？心理学上有一个超限效应，意思是说，每个人的心理承受能力是有限的，一旦超过这个限度，就会导致人内心崩溃，故意反其道而行。这与我们日常所说的逆反心理非常像。作为父母，要想更好地教育和引导孩子，就要以恰当的方式和合适的频率提醒孩子，而不要总是没完没了地催促孩子，也不要对孩子进行各种批评和否定。好孩子是夸出来的。当父母怀着善意提醒孩子，也让孩子意识到按时完成作业的好处，孩子当然会有所判断，也会做出明智的选择和决定。

不管是哪种方式的批评，都不要以打击和侮辱他人作为目的。批评的真正意义在于，能够让他人主动反思错误，进而改正错误。现实生活中，每个人都要与各种各样的人打交道，而他人不可能完全符合我们的要求和预期。父母会对孩子不满，妻子会对丈夫不满，上司会对下属不满，老师会对学生不满……只要有人的地方，就总是有人对他人不满。与其以批评的方式让事情变得更糟糕，不如多多提醒他人，让他人积极主动地做得更好，取得进步。

有话当面说，避免背后议论

大格局者心怀坦荡，他们往往选择有话说在明面上，不会在背后议论他人短长。记得有一个电视节目里曾经做过一个实验：让十个人排成一竖列站着，第一个人听到第一句话，然后回过头告诉第二个人，再由第二个人告诉第三个人……就这样咬着耳朵去传话，等到这句话传到第十个人的耳朵里时，已经变得面目全非，意思完全改变了。这个实验告诉我们传播流言蜚语的危害性，因为很多话一传十、十传百后往往会彻底改变。大格局者从来不在背后议论人，他们深知"祸从口出"的道理，也深知要想建立良好的人际关系，拥有好人缘，就必须谨言慎行。特别是在批评他人的时候，一定要把话当着他人的面说清楚，而不要在他人面前当好人，而又在他人背后说些出格的话，没有分寸地指责他人。俗话说，世界上没有不透风的墙。也许这一刻所说的话下一刻就会传到当事人的耳朵里，也许这一天说的话若干天之后又会被添油加醋地说给当事人听。这个时候，事情已经过去，评价也变成过去式，想要解释都很难。

职场上，很多人都因为办公室里的闲谈而是非缠身，不堪其扰。虽然人人都懂得不要背后议论他人的道理，但是人多的场合里，你一言我一语，总是不知不觉间就掉入了谣言的漩涡无法自拔。常言道，要想人不知，除非己莫为。同样的道理，要想人不知，除非己不说。有些人常常干掩耳盗铃的事情，明知道背后议论他人是不好的，所以在对他人说三道四的时候，总是可笑地叮嘱一句"我跟你说的，你可千万别告诉别人"。殊不知，在人群之中，信任就像接力棒，他人把你的话泄露给第三人时，也会画蛇添足地说"千万要保密啊"。在信任的接力棒被传递的过程中，你最初说的无关紧要的他人长短，已经变成极具攻击性、足以伤害他人的是非。最终，流言蜚语的黑锅要由谁来背呢？只怕每一个参与者都脱不了干系，也都会因此而难堪和尴尬。

做人，一定要胸怀坦荡，如果有些话不能当着他人的面说出来，那么在背着他人的情况下，就更不能说，最好的处理方法是让这些不合时宜的话烂在肚子里。这才是最为稳妥和保险的。有些话当面说出来也许没什么，一旦变成流言蜚语去传播，就会生出很多的危害。

公司里来了个新人，是个不折不扣的大美女，叫彤彤。彤彤刚刚大学毕业，带着学生气的清纯，也有着学习绘画艺术的人特有的、敏锐独到的审美能力。彤彤长相清秀脱俗，身材窈窕，有一头飘逸的长发，还经常穿着很奇特的、富有艺术气质的长裙。即便是站在人群中，彤彤也是鹤立鸡群，一眼就能被看到。很快，大家都被彤彤吸引住，单身的男孩都想追求彤彤，差不多年纪的女孩则都对彤彤感情复杂，又是羡慕又是嫉妒。

有一天，彤彤去隔壁的部门里找一份材料，她走进办公室，就像是一道光，使人感到眼前一亮。大概十分钟，彤彤才找到文件离开。男孩们都在啧啧赞叹彤彤美若天仙。这个时候，有个女孩不屑一顾地说："彤彤也不过刚刚大学毕业，听说父母都是普通的工薪阶层，真不知道她哪来的钱全身名牌，光那条项链就价值不菲。我听说，像她这么漂亮的女孩大学时期就会求包养，一边享受一边赚钱，有人大学上完连房子、车子都有了。真不知道，这个彤彤是什么门道！"让女孩万万没想到的是，彤彤刚刚离开，就发现资料少了一页，因而折返回来找丢失的那页资料，女孩的话被彤彤全都一字不落地听到耳朵里。彤彤当即愤怒地冲进办公室，指着女孩的鼻子说："今天你必须把话给我说清楚，你有什么证据这么说我！我刚刚大学毕业，还要做人呢，你这样公然诋毁我，必须付出代价，否则我会采取法律手段解决问题。你要是有钱，尽管去雇私家侦探调查我，你用什么办法找证据都可以，我身正不怕影子斜。但是如果你找不到证据，就不要怪我无情！"女孩说得正欢畅，没想到彤彤会突然出现在面前，尴尬极了，一时语塞。

旁边的几个同事看到矛盾升级，赶紧过来劝架。彤彤却不依不饶，其实她早就听到了同事的议论，正好借此机会来为自己发声。最终，女孩当然没有找到任何证据，而是在公开的会议上向彤彤道歉，请求彤彤的原谅。

女孩的做法当然欠妥，看到彤彤这么美丽，还浑身名牌，她就在嫉妒的情绪驱使下，出于酸葡萄心理，诋毁彤彤。如果女孩能够更加坦荡，当面询问彤彤大学期间是否就开始打工了，或者是否父母进行了支援，那么，这就只是一个普通的问题，彤彤据实回答之后也就不存在任何困扰了。人们常说，隔墙有耳。除了在背后批判他人恰好被他人当面撞到的尴尬之外，还很有可能被好事者传出去，引起大麻烦。

在人际交往中，如果我们不能管好自己的嘴巴，总是去议论他人，则终有一天我们会陷入尴尬之中，也会因此而失去朋友。有些人内心很空虚，为了和某人拉近关系，就和某人一起说长论短。殊不知，你当着一个人的面说另一个人的坏话时，除非交谈的对象本身也是爱传播流言蜚语的人，否则，他一定会对你背后议论他人的行为非常反感，也对你留下恶劣的印象。心怀坦荡，真诚对待他人，尊重他人，才能得到他人同样的对待，也才能以语言为桥梁，与他人建立良好的关系。

第九章

诲人无形：动之以情说服对方

在交谈的过程中，人与人之间难免会发生意见不一致的情况。面对分歧，人人都想证明自己的观点是正确的，也想让他人接受自己的观点。要想做到这一点，就要说服他人。必须承认，在交谈的各种方式之中，说服是难度最大的，因为真正的说服要改变他人的思想和观点。一个人控制自己尚且很难，如何能够主宰和驾驭他人呢？这就需要大格局者掌握说服的真谛，能够灵活地运用说服技巧，从而让说服工作进展顺利。

富有热情，感染他人

很多人误以为，说服就是要以理服人，实际上，要想说服成功，更重要的是以情动人。归根结底，如果说服者本身不动感情，缺乏热情，是无法感染他人的。人是感情动物，会随着心意的改变而改变。对任何一个人而言，当心被触动，他们甚至不需要被说服，就会主动做出改变。从这个角度来说，一切关系到人的工作，归根结底都要通过打动他人的方式进行。作为说服者，更是要富有热情才能感染他人。

热情具有神奇的力量，遗憾的是，很多人都没有意识到这种力量的存在，也不善于使用这种力量。有大格局者不会拘泥于很多细小的事物，也不会因为斤斤计较就与他人交恶。他们的心底始终有热情在熊熊燃烧，这让他们变得更加宽容，更加友善，就像温暖的阳光，普照在身边的每一个人身上。

大卫是一名日用品推销员，主要负责推销清洁用品。为了打开局面，把清洁用品推销出去，大卫决定去拜访写字楼。一是因为写字楼里人员密集，二是因为写字楼本身也需要清洁，是有很大需求的。然而，推销并不像大卫想得那么容易，大卫几次三番地去了同一栋写字楼里推销，每次都无功而返。

有一次，大卫又去了写字楼，不巧的是，写字楼里的电梯坏了，而大卫决定重点拜访和推销的客户在十八层。无奈之下，大卫只好从楼梯往上爬。如今，人们都习惯于使用电梯，电梯里非常干净，简直能照出人影，但楼道里却脏兮兮的，布满了灰尘。有几层相对干净一些，也是租用写字楼的公司自己聘用保洁人员打扫的。到了十八层，大卫发现十八层的楼道果然很脏，墙面贴着的瓷砖上满是灰尘。大卫突然改变主意，决定先不去推销，而是用自己带来的清洁用品开始打扫。两个小时过去了，大卫把楼道打扫得非常干净，光亮照人，便又开始打扫这一层的公共区域。最终，大卫让所有的公共区域都变了个样子，这才去找该公司的负责人。

负责人在看到大卫的劳动成果之后，忍不住啧啧赞叹，说："很久都没有这么干净了，看来这个清洁品的效果很赞啊！"大卫抓住机会向负责人介绍自己的产品，他充满热情，说起话来铿锵有力："我的产品好不好，您肯定都已经看在眼里了。其实我一次又一次地来拜访，一是为了销售，二是因为我自己用过这些产品，觉得很好，所以才想与更多的人分享……"尤其是有了事实作为支撑，他更加敢说，底气十足。最终，负责人从大卫这里购买了大量的清洁用品，还把大卫推荐给楼上楼下的公司呢！

作为推销员，只是纸上谈兵说自己的产品多么好，显然是缺乏说服力的。这种"我只管展示，你爱买不买"的态度，很难打动客户，更无法调动起客户的购买热情。大卫在几次拜访客户之后，都没有成功地打动客户，不是因为他说得太少——相信他一定是抱着宁愿磨破嘴皮子也要说服客户的态度来推销的，而是因为他缺乏热情，语言没有温度。在亲自使用了产品，也看到写字楼的楼梯间和公共区域通道焕然一新后，大卫这才心中有数，开始极力推销产品，并以事实作为最强有力的证据。有的时候，热情看起来可有可无，似乎并没有真正改变什么。但是，只要我们坚持以真诚和热情对待他人，就一定能够感染他人，能成功地打动他人的心。

充满热情的人整个状态都会不同，他们说出来的话会极具力量，他们做出来的事情会有更好的结果。大格局者一定要有真正的热情，这样在与人交谈的过程中，才能让自己的语言带着温度从心底汩汩而出。有热情的人从来不会敷衍了事，即使和他人打招呼，他们也很真诚。举个简单的例子，在客服行业里，要求从业人员必须保持标准的微笑。有些从业人员笑得脸上的肌肉都僵硬了，只能牵动嘴角勉强笑一笑。而有些从业人员的微笑是发自内心的，也许他们的笑容不是最美的，但他们的笑容却最富感染力。可想而知，当面对客户，前者和后者给人的感觉是截然不同的。热情的人有一个标志，那就是脸上始终带着微笑，呈现出真诚和善的样子。

一直以来，人们都认为只有心态和情绪改变，行为才会随之改变。实际上，有心理学家经过研究发现，当一个人的行为改变，他的心态和情绪也会改变。当一个人习惯了不苟言笑，总是给人留下严肃刻板的印象，那么，只要在一段时间内坚持让自己保持微笑的表情，渐渐地，他就会发现自己身边的一切都变了。更多的人对他微笑，向他表现出善意，也有很多人与他的关系发生了变化，与他更加亲近。这都是微笑的魔力，确切地说，是热情的魔力。微笑和热情总是相依相伴，一个人哪怕内心如同岩浆一般保持着灼热的温度，而脸上却是冷冰冰的，也会让人望而却步，不敢亲近。那么，就让我们以微笑作为热情的标签，把微笑长久地呈现在脸上吧。微笑能够创造奇迹，也会让你的语言变得更生动、温暖，充满神奇的力量！

激发对方的逆反心理

有的人逆反心理很强，总是表现出来，而有的人逆反心理相对比较弱，且常常掩藏起来。仅从表面来看，逆反心理强的人就像是一头倔强的小毛驴，从来不愿意听从主人的指挥，还会时不时地与主人对着干。实际上，凡事有利也有弊，如果我们非常了解他人的叛逆，能够以恰到好处的方式激发他人的叛逆，那么他人就能够按照我们的预期去做一些事情。这是对于逆反心理的巧妙利用。当然，这对于实施者的要求是很高的，必须非常了解当事人，也必须能够把握分寸，拿捏适度。

如果你经常说服他人，就会发现有些人从谏如流，只要能够摆事实讲道理，他们就会进行理性的思考，也会采纳合理的建议。但是有些人则恰恰相反，他们特别固执，哪怕意识到自己错了，也总是嘴硬，坚决不愿意承认错误，更不愿意改变。对于这样油盐不进的顽固分子，我们应该怎么做才能说服他们呢？当试过了各种办法都不见效果的时候，我们就可以对他们进行适度刺激，激发起他们的逆反心理，这样他们会反其道而行，偏偏与我们对着干，而这正是我们想要的。

乐乐已经上六年级了，再过不到一年的时间就要参加小升初考试。他的学习成绩很不错，始终都位列班级前十名，偶尔一次超常发挥，还能进入班级前三名。对口的初中学区并不好，妈妈很想让乐乐在最后这一年努力冲刺，争取择校进入重点中学。但是，乐乐性格倔强，不喜欢被人逼着做什么。每当妈妈提起让乐乐冲刺重点中学，乐乐都当即表示反对，说："我不想冲刺！"妈妈很了解乐乐的脾气秉性，知道强迫并不能让乐乐心甘情愿努力。如何才能让乐乐主动冲刺重点中学呢？妈妈思来想去，决定走一着险棋。

周末，乐乐上完书法课回到家里，妈妈趁机和乐乐探讨关于去哪里上初中的问题。妈妈对乐乐说："乐乐，我觉得虽然咱家房子对应的初中学区不好，但你还是就在这个初中上吧。因为我感觉你的学习成绩很不稳定，忽高忽低的，只怕就算冲刺了，也不一定能考上重点初中。"听到妈妈一反常态这么说，习惯了接受妈妈鼓励的乐乐很不乐意："妈妈，你对你儿子就这么没有信心吗？"妈妈一本正经地说："其实，我的担心不止这一点。还有一点，就算你侥幸考上重点初中，要知道，重点初中里全都是尖子生、不折不扣的学霸。你这样的水平进去，只怕在学习上根本跟不上，到时候想退出都很困难。"乐乐彻底被妈妈激怒了，瞪大眼睛对妈妈说："告诉你吧，妈妈，我以前就是不愿意冲刺，不想考重点初中。你要是真这么说，把我看扁了，我必须证明给你看我的真实能力和水平。"妈妈听到这句话，心中窃喜，脸上却依然表现出不以为然的神情，说："我奉劝你，还是不要瞎子点灯白费蜡，冲刺要用一年的时间呢，万一竹篮打水一场空，那可太尴尬了！"乐乐愤愤地对妈妈说："你就等着瞧吧！"

接下来的一年时间里，乐乐非常拼，把所有的时间都用来学习，而且还主动要求妈妈为他报名参加了数学和英语的课外补习班。小升初考试之后，乐乐果然考取了很好的成绩，顺利地进入重点初中就读。

显然，妈妈很了解乐乐的脾气秉性，所以，尽管此前乐乐一直坚持不想冲刺，妈妈也没有采取强制的方式要求乐乐必须冲刺。在认真分析了乐乐的心态和性格特点之后，妈妈这才决定采取激将法，激发出乐乐不服输的精神。妈妈这一着棋很险很有效。之所以能够成功，是因为建立在妈妈了解乐乐的基础上。激将法固然效果显著，但是一旦使用不当，就会使得对方彻底放弃努力，因而必须慎重使用。事例中，如果乐乐识破了妈妈的激将法，对妈妈说"我知道你是在激将，我就不中你的圈套"，那么，妈妈的杀手锏就会失去效用。

通常情况下，激将法特别适合用来对待那些内心骄傲、表现不同寻常者。这些人通常对自己有着很高的评价，而且很在乎他人的看法。一旦发现他人在否定自己，他们就会奋起证明自己。切勿滥用激将法，而是要在深入了解他人脾气秉性的基础上，有针对性地使用激将法，这样才能保证激将法的效果，也才能激励对方按照我们所期待的去做。

当然，没有任何一种方法是灵丹妙药，适用于所有的人和所有的场景。激将法的使用是有严格限制和要求的，对于不适合使用激将法的交谈对象，哪怕已经无计可施，也要继续努力地想办法，而不要随便使用激将法。此外，激将法的本质是表现出对他人的轻视、藐视，所以，一定要把握好度，不要过度小瞧他人。否则，他人一旦与你反目成仇，自然就不会再看重你的想法。使用激将法时，是奋起拼搏，还是完全放弃，也许就在不同的措辞之间，因而我们必须要把握分寸，选择合适的措辞，这样才能把激将法运用得更好。

不争执，冷静倾听最重要

　　既然是说服，就一定发生在有意见分歧的时候，如果每个人的意见都是一致的，也就没有谁说服谁了。很多人天生就是"杠精"，一旦和他人意见不同，马上就如同打了鸡血一样地和他人争执不休。有的时候，为了争论，他们甚至故意提出和他人不同的观点。这样的人都是天生喜欢抬杠，而且想要在说服他人的过程中寻找成就感。遗憾的是，他们总是自以为是，固执地以为自己一定是正确的，而他人一定是错误的，还常常强迫他人接受自己的观点，说服的力量很弱，说服的效果也很差。这一是因为他们说话未必正确，二是因为他们说话总是招人反感。

　　有大格局者面对他人的不同意见，不会急于否定，强迫他人接受自己的观点，而是会先采取认真倾听的态度，了解他人的苦衷。每个人在思考问题的时候，都会情不自禁地从主观角度出发，我们如是，他人也如是。既然如此，我们就不应该以自以为是的观点去试图改变他人。只有认识到自己的观点具备很强的主观性，我们才能以坦然的心态面对他人，接纳他人，包容他人。这样的态度对于顺利开展交谈很重要，因为没有人愿意被他人否定和批评，更没有人愿意被他人强迫。

　　一味地争论，从不进行思考，也不讲究对错，对于解决问题没有任何好处，反而会因为彼此的情绪都很冲动，而导致问题无法解决。大格局者不但冷静，而且非常明智，他们不愿意因为争辩而失去朋友，因为他们深知说服的目的是和谐统一。细心的朋友们会发现，现实生活中，那些"常有理"的人往往没有什么朋友，朋友都被他们如同公鸡一样好斗的性格和表达习惯吓跑了。相反，那些性格和善、言语宽和的人，则更容易收获好人缘。看起来，他们与世无争，不会陷入争辩之中，实际上，是因为他们的内心很宽容博大，能够接纳更多，理解更多。

　　作为一名汽车推销员，刘军有着高超的辩才。在读大学期间，刘军就经常参加演讲比赛、辩论比赛，因而在加入汽车推销行业的时候，他信心满满，觉得自己天生就是营销专家。然而，半年的时间过去，刘军没有推销出去一辆汽车。在公司里，就连那些沉默寡言、不爱说话的同事，都已经卖出去十几辆汽车了，刘军自己也感到非常纳闷：难道我被诅咒了吗？

　　刘军的客户并不少，一部分客户是他在门店接待的，还有一部分客户是他在网络上通过各种渠道发帖子吸引来的。然而，不管是哪个途径的客户，在和刘军看完车子之后，都没有选择通过刘军成交。眼看着刘军就要被公司开除，主管深知招人难，并不想失去刘军，因而决定观察刘军的销售表现，看看问题到底出在哪里。

　　这一天，刘军接待了一位中年客户，他当即把自己最喜欢的 SUV 车型推荐给客户，并且告诉客户："这辆车有七个座位，非常实用。"客户说："我家里只有四口人……"不等客户说完，刘军就抢先说道："那也没有关系，最后的两个座位可以收起来，这样后备厢会非常大。而且，有的时候您也会和朋友一起出去玩吧，能多坐两三个人总是好的，座位多多益善，可不要等到用的时候再觉得座位少，那就悔之晚矣了。"客户无奈地叹了口气，说："汽车的内饰是黑色的，这让我感到有些压抑……""现在就流行黑色的内饰，看起来多酷啊！黑色是今年的流行色，很多中高档汽车都使用黑色内饰……"客户看着刘军，就像看着一个外星人。旁边的主管再也看不下去，赶紧过来救场，问客户："您喜欢什么颜色的内饰？米色吗？"客户如释重负，赶紧告诉主管："对，我觉得米色很低调，也很平和。"主管对客户说："这款 SUV 的客户群体里，年轻人比较多，所以，黑色还是比较受欢迎的。如果您只需要四个座位，其实没有必要买 SUV，可以看看轿车。从舒适度而言，轿车乘坐更舒服。SUV 适合在崎岖不平的山地里开，因为底盘比较高。"客户说："我很少旅游，即使旅游，也是去城市里，不怎么去山村。"主管根据客户的需求，推荐了一款米色内饰的轿车给客户，客户考虑之后，决定购买。

刘军高兴不已，对主管说："看看吧，我就说我天生就是营销专家，之前不开单只是时机未到而已。"主管对刘军说："你虽然很健谈，却不是很适合做销售。当然，如果你愿意闭上嘴巴，学会倾听客户，也以尊重和满足客户的需求为己任，我想你可能还能在这个行业里待下去。"

刘军很爱说话，他最大的特点是说话不假思索，面对他人的不同意见，第一时间就开足马力进行反驳。不得不说，刘军的健谈没有成为他工作上的助力，反而成为他工作上的短板。每个人都有自己的思想和观点，在看待问题的时候往往会从主观角度出发，发表自己独特的见解。作为销售员，刘军需要满足客户的需求，但他却颠倒了一件事情，那就是误以为客户必须听从他的建议选购汽车。毫无疑问，没有客户愿意听从一个陌生销售的建议选购价值不菲的汽车。要想推销出去汽车，正确的做法是，先倾听客户的心声，了解客户的需求，然后再给客户推荐合适的车型，最后还要为客户答疑解惑。如果不是主管及时赶来救场，这个客户很有可能还是会选择放弃购买，另觅高明。

真正的沟通并不是从双方都迫不及待地表达开始的，而是从其中一方的认真倾听开始的。大格局者知道倾听的重要性，越是想要说服他人，越是愿意贡献出自己的耳朵和心灵，专注地倾听，聆听他人的真实想法和心声。为了避免进入争论的陷阱，我们可以从以下几个方面多多提醒自己。首先，问问自己对错真的重要吗，还是和气更重要呢？生活中的很多事情都不涉及原则性问题，因而根本没有对错之分，没有必要为了不值一提的小事情去争论不休。只有保持和谐融洽的关系，我们才能与他人之间深入交流和互动。其次，问问自己，说服是必须的吗？如果并不需要把所有人的意见和观点都统一起来，那么，何不各自保留意见呢？最后，问问自己，必须马上就说服对方吗？在这样彼此情绪都很冲动的情况下，争执并不能顺利地达成一致观点，而只会导致相互之间的矛盾加深，也使沟通面临前所未有的障碍。所以，对于那些不重要也不紧急的问题，我们无须当即展开争辩，而是可以缓一缓，把问题暂时搁置，等到彼此都恢复平静，再来深入探讨。

争论从来不是解决问题的必经阶段，如果能以倾听帮助对方恢复平静，既表达对对方的尊重，也维持好彼此的关系，就会有更多的机会去沟通和交谈。否则，一味地争执，导致关系破裂，则会失去沟通的可能性，根本无法达到和谐一致。记住，通过争辩取得的胜利是空洞的，并没有实质性的意义。赢得了争辩，却失去了对方的好感，甚至失去一个朋友，更是得不偿失的。尊重他人，不但表现在有礼貌上，更表现在能够接纳他人的观点，包容他人的想法上。

从无关紧要的话开始说起

　　很多人说话喜欢开门见山，直奔主题，而把铺垫的过程省略了。这样固然可以节省时间，提升做事情的效率，却并非明智之举。人是感性的，很容易受到感情的指引而做出选择和决定，因而，千万不要小瞧那些无关紧要的话，正是因为有了那些话的铺垫，我们与他人之间才能拉近关系，增进感情，从陌生变得熟悉。

　　如果直接说那些关系到重大利益的话，就难免会让人心生戒备，产生警惕。当人们处于彼此防范和对立的状态，自然很难敞开心扉，彼此接纳和包容。反之，如果闲谈，人们在无形中就会放松，放下心中的戒备和敌意，从而使彼此的交谈更加自然、轻松、随意，更加真诚。所谓寒暄，正是这个意思，就像是运动员在起跑之前要先热身一样，寒暄也会起到同样的效果和作用。对于大多数人而言，突然进入快节奏、高效率的交谈之中，难免感到无法适应，也会非常紧张和焦虑。大格局者固然要牢记谈话的初心，却也要调整好谈话的节奏，循序渐进地进入谈话的核心阶段，这样才能有效地开展谈话。

　　何姐是公司里有名的废话匣子。每个人在与何姐相处后，都会对她的这个称呼恍然大悟："果真是废话匣子啊，但是这样交谈还挺有意思的！"话说，何姐之所以能够以不够高的学历进入这家大公司，也正是因为她的"废话"。

　　几年前，何姐来公司面试的时候，并不像那些俨然职场精英的年轻人，正襟危坐地和面试官进行一场严肃的对话。何姐很放松，她知道以自己的学历要想进入这家公司很难，她努力调整心态，让自己表现得更自然。她一坐下就对面试官说："您好，我在不久前刚刚去了贵公司的卫生间，发现卫生间特别干净，我超级喜欢这一点。我是个有洁癖的人，容不得任何脏乱差，所以，每去一家公司面试，我都会先去卫生间看一看。如果连卫生间都很干净，就说明公司是干净整洁的。不过有一点我觉得不太合理，我发现卫生间里的洗手液太稀了。大多数情况下，洗手液都比较浓稠，所以，很多公共场所都会对洗手液进行稀释，然后再使用。我试验过很多比例，发现三份洗手液加上七份水，浓度刚刚好。毕竟如果洗手液太稀薄，就要压出不止一泵洗手液来用，反而是浪费。"

何姐的这一番废话，把面试官的面试程序打乱了，他饶有兴致地问何姐："你想应聘什么职位？"何姐原本是想面试前台文秘的，最终面试官建议她担任办公室主任，主要负责这些零碎繁琐的杂事。何姐当然很愿意。事实证明，爱说"废话"的她不但把办公室管理得秩序井然，而且也因为善谈在同事们之间起到了很好的枢纽作用。还有的同事称呼她为知心大姐呢，不管有什么事情都愿意告诉她。有的时候，上司想要了解同事们的情况，还需要询问何姐呢！

爱说"废话"，并不是在浪费时间，而是通过轻松随意的沟通，捕捉更多微妙敏感的信息。何姐是个不折不扣的"废话匣子"，所以才会给同事们留下体贴、知心、值得信任的好印象，最终成为办公室里不可或缺的灵魂人物。

很多人对于废话都存有误解，总觉得所谓废话就是毫无意义的唠叨和无休止的重复，是在浪费宝贵的时间。其实不然。有些废话并不像我们所想的那么无用，尽管大多数情况下，废话的含义不够明确，目的也不够鲜明，但是废话却能够拉近人们之间的关系，增进人们之间的感情，还可以在漫不经心之间帮助我们了解到他人更多的信息，诸如他人的兴趣、喜好等。有心理学家曾经提出，在沟通过程中，废话起到了最主要的支撑和润滑作用，把废话说好，能顺利地切入主题，表达中心思想。

在中国，人们之间展开寒暄，往往会问对方"吃了吗"；在英国，人们之间展开寒暄，喜欢对对方说"今天的天气真不错"。实际上，别人吃没吃饭与我们有何关系呢，天气好不好，人人都能看见和感受到，还有必要由我们多此一举地说出来吗？从沟通的角度而言，这样的废话一点儿都不废，我们能通过它把话题延伸下去，与他人进行深入的交流。当然，对于陌生人，我们可以说这些无关痛痒的话作为话头；如果是和熟悉的人攀谈，我们可以说些对方感兴趣的话。哪怕在交谈之前彼此毫无了解也没关系，还是有很多话题可以聊的，例如旅游、音乐、八卦新闻等。

大格局者一定要深谙人的心理，才能最大限度地发挥废话的作用，让废话不废！为了避免惹人厌烦，说废话还要把握合适的度，不要说起话来自顾自的，没完没了。说废话还要无公害，有些人满嘴脏话，前面刚刚和人说过话，后面就被人骂没礼貌、轻浮、没教养，这样的废话不说也罢。说废话的目的是与人亲近，是为彼此的交谈奠定基础，而不要故意卖弄，或者借机挖苦讽刺他人，这会显得我们很没有素质。这样的话一定不要说，这样的事情一定不要做。

说好废话，你就会受人欢迎。你，准备好成为"废话匣子"了吗？

第十章

适度幽默：谈笑风生顺畅沟通

　　幽默是智慧的最高表现形式之一。幽默不同于低俗玩笑，也不同于故意卖弄和猎奇，更不是阿谀奉承和曲意逢迎。幽默，是调动智慧的所有细胞，用更高级的形式表现出聪明机智和善于制造快乐气氛的天赋。在这个世界上，没有什么是哈哈一笑不能解决的，大格局者幽默起来，会让原本平淡无奇的交谈变得妙趣横生，使人意犹未尽。

自嘲，是最高级的幽默形式

很多人对于幽默都存在误解，觉得幽默就是让人哈哈大笑，实际上，幽默在惹人欢笑之余，还有更加深刻的内涵，会引人思考，也会有效地打破僵局，化解尴尬。每个人都愿意乐哈哈地度过一生，而不愿意苦巴巴地熬过一生。有一个幽默的人陪伴在身边，能让那些乏味的日子变得生动起来，想一想就是一件让人高兴的事情。

幽默有很多种形式，自嘲是最高级的幽默形式之一。所谓自嘲，直白地说，就是自己嘲笑自己。大多数人的自尊心都是很强的，不愿意提起自己的缺点和不足，而自嘲之人却能够坦然正视自己的劣势，甚至把自己的劣势拿出来调侃。看到这里，很多人一定会为自嘲之人感到尴尬：被别人嘲笑就已经够可怜了，如今居然要自己嘲讽自己，这得多么难堪啊！真实的效果恰恰与此相反，一个人只有真正消除心中的自卑，变得内心强大，才有勇气自己调侃自己。所以，当一个人自嘲的时候，那些缺点就变成了他的可爱之处。

当然，从因为自己的不足而感到自卑，到勇敢地主动说起自己的不足，还以此调侃自己，这是需要不断成长才能做到的。适度的自嘲，代表一个人的内心强大，也代表一个人具有良好的修养，还代表一个人掌握了高超的人际相处技巧。自嘲可让人从自卑、拘谨，变得潇洒从容，也能够活跃现场紧张尴尬的气氛，给身边的人解围。自嘲不但要适度，而且要适时。不合时宜的自嘲、过度的自嘲，非但不能活跃气氛，反而会使身边的人非常尴尬。

公司派小张出国进修，在合作公司里工作半年时间，学习新的技术，掌握先进的理念，这样将来回国之后就可以专职负责与合作公司的接洽工作。这个机会很难得，虽然小张舍不得丢下新婚的妻子长时间远赴国外，但是他知道一旦错过这个机会，将来再想出国学习就会很难。思来想去，小张准备和妻子商量这件事情。他决定，如果妻子同意他去，他就去；如果妻子坚决不同意他去，他就不去。妻子和小张是大学同学，思想很开放，也知道这次机会千载难逢，因而非常支持小张出国，但是也担心他们才刚刚结婚不久，不知能否经得起离别的考验。

妻子娇滴滴地对小张说："老公，你必须保证，你出了国之后要把持住自己，千万别到了灯红酒绿的国外就把我给忘了。"小张当即立正，对妻子敬礼，说："放心吧，老婆，你就算对自己没有信心，也要对我有信心。你看看，我身高属于三等残废，脸上还长着老鼠眼、酒糟鼻，有哪个国外的美女能看得上我啊！只怕我站在路上摆拍，都没有回头率呢！"听到小张这话，妻子忍不住笑起来，思忖片刻又说："那你认为我是没眼光，才会相中你？"小张说："你可不是没眼光，你是慧眼识珠，我想说的是，别人肯定不知道我是一块璞玉！"在小张的一番自嘲和安抚下，妻子悬着的心才终于放下来。

人人都不想说自己长得丑，小张面对妻子的担心，反其道而行，调侃起自己的长相，让妻子放心。在妻子质疑他之后，他又委婉地称赞妻子慧眼识珠，当然能把妻子哄得心花怒放。

　　自嘲，看起来是在拿自己开涮，说自己的短处和劣势惹人发笑，让自己吃亏，实际上，却是在以自我贬低的方式展现自己的魅力，体现自己的修养，提升自己的形象。在自嘲之前，别人也许会对我们的不足心有芥蒂，但是，当我们不卑不亢地以这些不足进行自嘲，我们在他人心目中的形象瞬间就会高大起来。

　　在人际相处中，当被他人贬低，觉得尴尬的时候，不妨采取自嘲的方式来消除困境，自己给自己台阶下，也让自己更加从容。自嘲者都是善于自我解嘲的，他们看起来是在贬低自己，实际上是在帮助自己摆脱尴尬，不可谓不高明。当然，自嘲并非与生俱来的能力，而是在后天成长过程中渐渐形成的。要想具备自嘲的能力，就要拥有强大的内心，就要能够坦然地面对自身的缺点和不足，就要有足够的自信和勇敢。大格局者胸怀广阔，总是乐观豁达，淡然平和，善于化幽默为力量，以自嘲为自己加分。

以幽默的语言为对方指出错误

前文说过，批评是要讲究方式方法的，否则非但不能达到促使他人改正错误的目的，反而会激发起他人的逆反心理。显而易见，这不是我们想要的结果。批评有很多种方式，例如，三明治批评法、自我反省批评法等。每一种批评法都各有千秋，针对不同的对象和事件，所产生的效果也是不同。除了这些方法之外，我们还可以采取幽默的语言为他人指出错误，在嬉笑怒骂之中，他人就不会感到十分尴尬，也会意识到自己的不足，从而展开自我反省和改正。这就达到了双重目的，既没有破坏交谈的氛围，也恰到好处地为对方指出错误，让对方积极改正。

要想以幽默的语言为对方指出错误，首先要具备幽默的能力。要想适度幽默，就要足够聪明机智，也要博览群书，增强自身的知识储备，这样在需要的时候才能调集各方面的能力，机智灵活地处理和解决问题，缓解和消除尴尬，让沟通更加顺利。

东方朔是汉武帝很仰仗的大臣，深得汉武帝的喜欢。这都得益于东方朔机智幽默，他总是能够说得汉武帝眉开眼笑，心花怒放。很多君主年轻的时候治国有方，到了年老的时候，就想长生不老，汉武帝也是如此。有一天，汉武帝假装漫不经心地对东方朔说："相书说，人中越长的人，越是长寿，还说人中每长一寸，寿命就能增长一百年，你觉得这是真的还是假的呢？"东方朔何等聪明，一听到汉武帝的话，他就知道汉武帝在做长生不老的美梦。他的脸上忍不住露出嘲讽的笑容，汉武帝心生不悦，当即怒喝："东方朔，你胆敢笑话我？！"

看到汉武帝恼羞成怒，东方朔赶紧收起脸上的笑容，对汉武帝说："陛下万岁，万万岁！我纵使有一百个胆子，也不敢笑话您啊！我其实是在笑话彭祖。"汉武帝很纳闷："你为何要笑话彭祖？"东方朔说："启禀陛下，史书记载彭祖活了八百岁。如果真的人中长一寸，才能活到一百年，那么，彭祖的人中岂不是太长了，足足有八寸长呢！我难以想象，彭祖的脸该是多么难看！"听了东方朔的解释，汉武帝怒气全消，忍不住笑得前仰后合。

东方朔不但幽默，而且非常机智。汉武帝发现了他的嘲笑之意，非常生气，他当即表态自己是在嘲笑彭祖，而不敢嘲笑汉武帝。在东方朔的描述下，汉武帝也忍不住想象彭祖人中八寸长的样子，自己都忍俊不禁了。

幽默有很多种不同的方式，有人的幽默清高孤傲，不沾染尘埃；有人的幽默是市井式的幽默，非常接地气；有人的幽默富有浓郁的文化气息，曲高和寡；有人的幽默妇孺皆知，非常直白平实……我们的幽默又该是怎么样的呢？幽默是由很多因素综合作用才能形成的，我们可以将幽默形成自己独特的品格。不管想要拥有哪一种幽默，我们都要努力提升自己，充实自己，这样才能避免书到用时方恨少的窘境。

幽默要讲究时机和场合，相信对于这一点，我们已经达成了共识。那么，还有一点必须特别提醒的是，在他人犯错误感到窘迫的时候，一定不要随便幽默。利用别人的错误来嘲讽别人，必然会伤害别人的自尊。我们可以利用自己的错误来进行自嘲，这是豁达，而如果利用别人的错误挖苦和打击别人，则无异于落井下石。大格局者有很高的涵养，不会一味地讽刺他人，而是会更多地为他人着想，从而把幽默的作用发挥出来，在愉悦的气氛中为他人指出错误，也成功地为自己和他人消除尴尬。

第十章 适度幽默：谈笑风生顺畅沟通

幽默有度，沟通才能无限

不管做什么事情，都要讲究限度，幽默也是如此。幽默虽然能给人带来快乐，但是如果无限度地幽默，则常常使自己和他人陷入尴尬的境地，变得很难堪。大格局者心中有限度，知道只有适度幽默才能让沟通无限。

大格局者不会为了幽默而幽默，他们在幽默的时候，非常注重时间、场合、情境，以及沟通的对象。沟通有很多的因素，不但有沟通的各方参与，而且有诸多具体的环节需要把控。大格局者心怀广阔，考虑问题面面俱到，不会让幽默失了度。因为他们知道，过度的幽默非但不能引人发笑，给人带来快乐，反而会使沟通尴尬冷场，无法继续下去。

大概半年前，小宇才刚刚参加了铁哥们儿方钢的婚礼，现在，就又接到方钢的请柬，原来，方钢要给孩子办满月酒了。小宇暗暗盘算了日子，知道方钢是奉子成婚，决定要好好幽方钢一默。小宇很用心地为方钢的孩子准备了礼物——一支金笔。

喜宴当天，小宇故意姗姗来迟，他到达喜宴酒店的时候，亲朋好友们都已经到齐落座，正在闲聊，就等着喜宴开始了。小宇当着大家的面郑重其事地拿出金笔，送给方钢。方钢果然中了圈套，说："现在就送金笔，这也太早了吧！"小宇马上大声回答："不早不早，你没见我这个大侄子是个急性子么！其他孩子都要在妈妈肚子里十个月才会出来，他才五个月就出来了。"听到小宇的话，在场的嘉宾全都哈哈大笑起来。方钢的妻子羞得满脸通红，狠狠地瞪了小宇好几眼。后来，小宇结婚，方钢只是让人带去厚礼，自己并没有出席。

原本，小宇和方钢是好兄弟，亲密无间，彼此在私底下开些玩笑并无伤大雅。然而，小宇在方钢给孩子举办满月宴的时候，把小宇和妻子奉子成婚的事情在大庭广众之下说出来，并且以此调侃方钢夫妇，就是不合时宜的。

幽默，一定要讲究时间和场合。有些话适合在私底下说，无伤大雅，但不能在公开的场合说，否则就会伤害他人的颜面和自尊。即使对于关系非常亲密的人，我们在幽默的时候也必须慎重考虑，不能随着自己的心意胡说，使人尴尬得下不来台，也让多年的友情毁于一旦。

幽默，不能过火。有些人一旦高兴得不知所以，就完全把幽默需要注意的方方面面都抛之脑后了，只想着要如何以幽默狂欢，运用语言的力量让欢乐爆棚。这样的过嗨情况很危险，会让我们在运用幽默的时候失去分寸，会在不知不觉间就把自己和他人置于难堪之中。

幽默要高级，要讲究格调，不能以侮辱他人的人格、伤害他人的自尊为代价，也不要说庸俗不堪的内容。幽默不是低俗玩笑，而是智慧的最高表现形式，是需要我们调动才华，机智应对，才能呈现出来的欢乐与美好。大格局者知道，幽默是为我们增加魅力和光彩的，而不是给我们和他人添堵的。只有真正领会幽默的深刻含义，掌控自己的嘴巴和思想，才能把幽默的精神发扬光大，才能让幽默的语言绽放光彩。

没有什么矛盾是哈哈一笑不能解决的

生活中，人与人之间很容易发生各种各样的矛盾，也常常会陷入尴尬和难堪之中。尤其是在人多的场合，如果突然间从热火朝天的聊天，变得寂寞无声，则现场的气氛就会像被冻住一样，逐渐冰封。在仿佛空气都停止流动的状态下，人们有即将窒息的压力感，交谈根本无法继续下去。此时此刻，假如有人能够适时地幽上一默，打破坚冰，让气氛再次活跃起来，则无异于全场的救世主，会得到所有人的支持和感谢。

实际上，人生除了生死，没有什么是过不去的坎。大格局者有着包容的心态，很少与他人发生矛盾，即使在产生矛盾的情况下，也能够发挥幽默的能力，让哈哈一笑吹散那些不快乐、不如意，让谈话的氛围冰雪消融，让人与人之间的关系更加和谐融洽，快速升温。

在人际交往中，适时地化解矛盾和纷争是一种能力，也是一种艺术。不是所有人天生就具备这种能力、深谙幽默的艺术。在矛盾即将发生之前，我们要有敏锐的觉察能力，努力做到防患于未然，在争吵真正爆发之前就做好拦截工作。当然，一味地压制内心的怒火是不可行的，真正理性的做法是，调整自身的情绪，让自己发自内心地意识到争吵并非解决问题的根本办法，也要知道很多事情没有必要因为争吵伤了和气。当争吵已经发生，不要觉得沮丧失落，也不要充满绝望。只有采取适宜的方法化解矛盾和冲突，才是上上策。在诸多解决问题的方法中，能够试着来点儿小幽默，让原本剑拔弩张的气氛瞬间缓和下来，是沟通高手才能做到的。

有一对老夫妻已经携手度过了二十年的婚姻时光，总体而言还算和谐，不过有的时候妻子的倔强劲头一上来，就会和丈夫闹别扭，哪怕丈夫真诚地道歉，或者寻找各种话题，妻子也不愿意搭理丈夫。在这种情况下，丈夫就只有使出杀手锏——幽默，才能把妻子逗得忍不住哈哈大笑。

有一次，他们正在旅行途中，因为丈夫忘记带妻子最喜欢穿的一双拖鞋，妻子开始生气。丈夫提出一下火车就去为妻子买一双新拖鞋，妻子不依不饶："这是一双拖鞋的问题吗？你总是这样，不管做什么事情都漫不经心，难道要让我照顾你一辈子吗？"丈夫很沮丧，看着沉默不语、始终气鼓鼓的妻子，丈夫灵机一动，指着车窗外一头正在吃草的驴子问妻子："你和它有亲戚关系吗？"妻子点点头，说："是的，我和它是夫妻关系。"妻子的话音刚落，就和丈夫同时忍俊不禁地笑起来。此时此刻，再大的不愉快都随着笑声烟消云散，他们决定高高兴兴地开始愉快的旅行。

丈夫很幽默，在指着驴子问妻子"你和它有亲戚关系吗"时，丈夫就已经发挥了高超的幽默能力。实际上，在听到丈夫这句话的时候，妻子心里已经没有那么愤怒了，因而妻子才会顺着丈夫的幽默，也适时地幽上一默，对丈夫说"我和它是夫妻关系"。这句话毫无疑问是在暗示丈夫是驴子，却逗得丈夫哈哈大笑，这就是夫妻相处的幽默艺术。

在幽默的作用下，人们都会真心地欢笑，这种笑容非常真诚，也极富感染力，是让人内心放松和愉悦的。俗话说，伸手不打笑脸人。当我们以幽默让自己笑起来，让他人笑起来，在笑声中，一切不快都会烟消云散，交谈也会朝着我们所期待的方向发展。

大格局者不会让愤怒始终横亘在两人之间。在矛盾发生之前，他们会有意识地避免矛盾；在矛盾发生之后，他们会恰到好处地运用幽默的能力，缓解气氛，融洽沟通，让人与人之间的坚冰逐渐消融。幽默不但能够让沟通顺畅，而且能够增强大格局者的个人魅力，让大格局者在人际交往中更富有吸引力，更受欢迎。

借题发挥，让交谈行云流水

什么叫借题发挥呢？通俗地说，借题发挥就是顺势而为，就是顺杆爬，根据他人所说出来的话、做出来的事情，不忤逆他人的意思表达，而是顺着他人的话题继续说下去，为自己的真实表达进行铺垫。等到各方面条件都具备的情况下，再表达自己的意思。这样一来，既能够让他人放松戒备，又可以让谈话顺畅，还能够让谈话朝着我们期望的方向发展，可谓一举数得。反之，如果我们在听到他人的表达不符合我们预期之后，第一时间就不遗余力地去反驳他人，与他人之间展开争吵，则非但不能说服他人，反而会激发起他人的戒备心，让他人对我们的言谈表现出排斥和抗拒的状态，甚至与我们针锋相对地展开争吵。这显然不是我们想要的结果。

借题发挥，第一步要做的就是先认可他人的说法，这样一来，他人就会放松戒备心，也因为得到我们的认可，而与我们之间的关系亲近起来，更愿意倾听我们的诉说。接下来，我们就可以开展借题发挥的幽默，顺着他人的话头说下去，既起到幽默的效果，也让他人无法反驳。

进入公司一年，李杜在工作上表现非常好，他萌生出申请加薪的想法。然而，一年的时间还是很短暂的，在刚刚做出成绩之后就申请加薪，是否会给老板留下不好的印象呢？是否会导致老板恼怒，使得自己失去工作呢？李杜心中很忐忑。

一天中午，同事们都去吃饭了，办公室里只剩下李杜和老板手头上还

189

有一点工作没有处理完。在圆满完成任务后，老板请李杜一起吃午饭，李杜决定借此机会说出加薪的请求。午饭的时光很愉快，李杜和老板谈笑风生，有些不忍心提出加薪破坏愉悦的气氛。加薪的请求几次到了嘴边，李杜觉得不合时宜，又硬生生地咽下去。这个时候，服务员看到李杜杯子里的茶水喝完了，过来问李杜："先生，请问您是想加茶还是想加咖啡？"李杜灵机一动，问服务员："可以加薪吗？"听到这句话，服务员先是愣怔了一下，紧接着笑起来，说："先生，加薪的问题不归我管，您要问老板啊！"这个时候，坐在对面的老板哈哈大笑起来，李杜把目光转向老板，老板当即表态："必须加薪，必须加薪！"等到服务员加了茶水离开之后，李杜趁势而为，和老板讨论起加薪的问题。老板心情很好，当即同意为李杜加薪百分之二十，这超出了李杜希望加薪百分之十的预期。

李杜之所以能够成功争取加薪，就是因为他很懂得幽默之道，而且借助于服务员询问"加茶还是加咖啡"的问题，借题发挥，向坐在对面的老板提出了加薪的请求。这样的幽默，让老板心情大好，看到下属如此机智幽默，而且，李杜在工作上的表现的确非常出色，老板当即决定答应李杜的加薪请求，也为了留住李杜这个难得的人才，给出了让李杜满意的加薪幅度。

借题发挥的幽默非常巧妙，往往能给人带来意外的惊喜。幽默者在说话之初，并没有中断话题，而是顺着话题继续发挥，这让听话者感到很正常且自然，所以，对于突如其来的幽默毫无预期。这样一来，顺着话题而来的幽默就像节目中的彩蛋一样，是意外的惊喜，也会产生强烈的幽默效果。

在谈话产生矛盾或争执的情况下，突兀地寻求和解往往很难做到，也不利于消除尴尬。与其徒劳地去辩解、争执或者是企图消除矛盾，不如顺着话题继续说下去，以聪明机智创造幽默的机会，增强幽默的效果。虽然幽默的能力不是与生俱来的，但是只要我们处处留心，努力学习，积累更多的经验，在人际沟通中勤于练习，就一定能够提升语言表达能力，在未来做到口吐莲花，妙语连珠，成为深谙幽默之道的大格局者。

要坚持进行高级的幽默

幽默是一种能力，也是一种气质，还是一种涵养。挤出来的幽默非常晦涩，缺乏圆润顺畅的感觉。古人形容有才华的人"文章本天成，妙手偶得之"。不仅写文章如此，真正高级的幽默也是浑然天成的。

幽默是生活的润滑剂，生活中的很多情况都难免让人尴尬，只有发挥幽默的能力，才能消除误解，化解尴尬。不懂得幽默的人，总觉得幽默很难，是可遇而不可求的。正如一位名人所说的，这个世界上并不缺少美，缺少的只是发现美的眼睛。我们也要说，生活中并不缺少幽默的机会，只是缺少感受幽默的心灵。大格局者一旦拥有幽默的心，形成幽默的气质，就能在生活中发现很多幽默的机会，也会自然而然地把幽默坚持到底。

当然，我们要把高级的幽默和低俗的玩笑区别开来，幽默从来不是俗气的玩笑，也不是粗鄙的段子。如果生活是广袤无垠的天空，那么幽默就是天空中突然划过的闪电；如果生活是一望无际的海面，那么幽默就是落日的余晖照在海面上的壮美景象。幽默带给人的是美好的感受和放松愉悦的心情，绝不是媚俗，更不是猎奇。

在娱乐圈里，有一个男明星交往广泛，魅力无穷，就是因为他具有超常的幽默能力。这个男明星就是汪涵。汪涵的能量之强大，超出了很多人的预期。他交往的人，形形色色。不得不说，汪涵的情商非常高，也有大格局。

　　有一次，汪涵和白岩松等人一起参加图书发布会。会场上，有很多记者，有一个记者站起来提问，说："白岩松老师，你好！我有个问题想请问汪涵老师……"本来，听到记者说"白岩松老师，你好"，白岩松还以为记者是要提问自己呢，赶紧点头微笑，没想到，记者接下来要请教的却是汪涵。这使白岩松老师感到非常尴尬，虽然是因为记者的能力水平导致了这种局面，但是作为被提问者的汪涵却主动承担起缓解尴尬的责任。

　　在现场观众们的哄然大笑中，汪涵适时地发挥高级幽默的能力，说："看看吧，这就是我们湖南人的特色，就算是记者要进行采访，也不忘记先幽默一下。"汪涵话音刚落，现场的笑声更加热烈了，白岩松老师也忍俊不禁笑起来，心中小小的不愉快马上烟消云散。

　　如果没有汪涵打圆场，白岩松该有多么尴尬啊。虽然提问的责任在于记者，但是同样作为嘉宾，汪涵当然不想让自己过于出风头，而使得同行者难堪。所以，他马上说出这样一番话，把记者的尴尬行为解释为刻意的幽默，使得在场的人都从尴尬中被解救出来。不得不说，汪涵是非常机智的，具有高级幽默的能力。此外，汪涵还是一个有大格局的人，他始终都能体谅他人的情绪感受，对于并非因自己而起的事情不会置身事外。正是有这样多方面因素综合发生作用，汪涵才会越来越受人欢迎，也广交天下朋友。

　　幽默的人都有高情商，也有大格局。他们擅长化解人际沟通中的尴尬和难堪，也很乐于把欢声笑语带给他人。幽默的人不管走到哪里，浑身都充满正能量，他们致力于营造和谐融洽的沟通氛围，让交谈非常愉快。幽默还是自信的表现，只有自信的人才能发挥幽默的能力，在人际相处中游刃有余。

后记

"说话决定格局"——话真的不能乱说

　　大格局者从好好说话开始，说话水平决定格局大小。大格局者有更高的着眼点，有更长远的目光，因而在待人接物方面会有更好的表现，也会因为格局的影响而言语宽和。大格局者把话说得更加悦耳、动人，由此进入良性循环，让自己的格局越来越大，表达越来越生动、温暖。

　　那么，如果没有大格局呢？如何才能让格局变大，把话说得越来越好呢？除了要有开阔的胸怀，树立远大的志向，以宽容之心待人之外，如果能够主动地改变表达方式，修炼语言的功力，随着语言表达能力的提升，格局也会越来越大。由此可见，格局与说话之间是相辅相成的。如果想要拥有大格局，不妨就从现在开始，努力地提升表达能力，用心地组织好语言。

人人都有趋利避害的本能，希望听到好听的话，而不愿意被批评和否定。面对那些尖锐刺耳的语言，人们总是避之不及，而面对那些美好温和的语言，人们又总是趋之若鹜。对于每个人来说，格局当然越大越好，即便已经有了大格局，也应该继续扩大格局，因为，格局决定命运，格局决定人生。从这个意义上来说，不管是格局小的人，还是已经有大格局的人，都要好好说话，避免祸从口出，这样才能以语言作为推动力，继续创造美好的生活。

具体而言，好好说话的人人缘很好，他们言语谦和，很容易得到他人的接纳、认可和喜爱。他们得道多助，因为善于使用语言说服他人，所以，每当遇到困难的时候，总有贵人相助。他们一旦犯了错误，就会主动道歉，而绝不为自己辩解。这样一来，他们会真诚地打动人心，错误也会得到原谅和宽容。语言的力量是非常神奇的，也是特别强大的。每一个人都应该善用语言的力量，与其把话说得刺耳、扎心，不如好言好语对待他人，让语言成为心底的清泉不断地涌出，滋润人们的心田。

我们每个人都要管好自己的嘴巴，主宰和驾驭语言，在大格局的指引下，让人生走向更为广阔的天地！

高恩强

二〇一九年九月